KB119135

사장진,
미래를 건
승부사

서정진, 미래를 건 승부사

초판 1쇄 발행 2021년 1월 28일 **초판 3쇄 발행** 2021년 3월 5일

지은이 곽정수
펴낸이 연준혁 이승현

편집 2부서 부서장 류혜정
편집 선세영
디자인 이세호

펴낸곳 ㈜위즈덤하우스 **출판등록** 2000년 5월 23일 제13-1071호
주소 경기도 고양시 일산동구 정발산로 43-20 센트럴프라자 6층
전화 031)936-4000 **팩스** 031)903-3893 **홈페이지** www.wisdomhouse.co.kr

ⓒ 곽정수, 2021

ISBN 979-11-91308-35-8 03320

셀트리온, 미래를 건 승부사

**셀트리온
신화와
새로운
도전**

곽정수 지음

위즈덤하우스

20년 항해의 고별인사

이 책의 저자 곽정수 논설위원과의 첫 만남은 2년 전 인터뷰 자리로 기억합니다. 제가 곽 위원을 만나러 간다고 하니 당시 주변에서는 그가 대기업에 대해 그리 호의적이지 않은 편이니 조심해야 한다고 조언했습니다. 그러나 제가 곽 위원을 만나 느꼈던 점은 그가 비판을 위한 비판을 하는 분이 아니라, 기업에 대해 상당히 합리적인 기준과 날카로운 비판, 통찰력을 갖춘 언론인이란 것이었습니다.

얼마 전 곽 위원으로부터 저와 셀트리온에 대한 관찰기를 책으로 쓰겠다는 이야기를 들었습니다. 제가 곽 위원에게 한 부탁은 제 개인의 사생활에 대한 관찰이라면 사양하겠고, 저와 셀트리온이 그동안 걸어온 길에 대한 관찰기라면 가감 없이 의견을 써달라는 것이었습니다.

다만 이 책에 있는 '**성공한**' 기업이라는 단어에 대해서는 제 생각을 좀 덧붙이고 싶습니다. 성공한 기업과 실패한 기업은 존재하지 않는다는 것이 제 생각입니다. 통상적으로 쓰는 '성공한' 기업이라는 말을 정확히 표현하자면 '아직 실패하지 않은' 기업이라는 말이 보다 적합할 것입니다. 모든 기업은 지속적으로 혁신과 변화의 노력을 해야 하고 이를 통해 글로벌 경쟁에서 이길 수 있는 도전을 멈추지 말아야 합니다. 도전의 노력이 정지되는 순간 그 기업은 도태되고 실패하게 됩니다. 결론적으로 저와 저희 그룹은 아직 실패하지 않은 기업이고 지속적으로 글로벌 경쟁력을 갖추기 위해 치열하게 노력하고 있는 기업으로 이해해주셨으면 하는 바람입니다.

또한 저는 '**흙수저**'라는 단어 자체를 싫어합니다. 모든 인간은 본능적으로 성공하려는 욕망을 가지고 있고, 성공의 가장 핵심적인 요인은 그 무엇보다도 절박함일 거라고 생각합니다. 많은 사람들이 성공과 실패라는 단어를 쉽게 사용하는데, 실패는 그렇게 쉽게 사용할 수 있는 단어가 아닙니다. 왜냐하면 절박함이 있는 사람은 쓰러져도 다시 일어나고 잘못되었으면 다시 되돌아가면서, 자신이 성공할 때까지 본인이 가진 모든 것을 다 바쳐 본능적으로 노력하게 되어 있기 때문입니다. 그래서 흙수저라서 힘들다, 어렵다고 단정 짓기 전에 내가 가진 절박함이 미래를 어떻게 바꿀 수 있을지 충분히 고민해본다면 오히려 장점으로 승화시킬 수 있다고 생각합니다.

이 책은 '**서정진의 진짜 모습이 무엇이냐**'는 질문을 던집니다. 제 진짜 모습은 저도 잘 모르겠습니다만, 제가 그동안 가장 중요하게 생각했던 네 가지로 이 질문에 대한 답변을 대신하고자 합니다. 이 말들은 저희

직원들에게 일선에서 물러남을 알리는 방송 조회에서 제가 마지막으로 당부했던 내용입니다. 이 당부와 함께 저는 셀트리온그룹이라는 거대한 배의 선장이었던 것이 무한한 영광이었다. 그리고 그 배의 선장으로서 여러분들과 함께 이 20년의 항해를 했던 것에 대해 감사하다는 고별인사를 전했습니다.

그중 첫 번째는 팀장 이상 리더들에게 **'참여형 리더'**가 되어달라는 당부였습니다. 즉 우유부단한 리더가 되지 말고 독선적 리더도 되지 말며, 구성원들의 의견을 듣되 결정을 할 때는 합리적이고 과감하게 결정해야 한다는 것입니다. 의사판단을 위한 결정이 끝나면 모든 구성원의 에너지가 뭉쳐 한 방향으로 시너지가 생길 수 있도록 솔선수범하는 참여형 리더가 되어달라는 것입니다. 이것이 제가 셀트리온그룹을 경영하면서 가장 중요하게 생각했던 부분입니다.

두 번째는 모든 임직원에게 **'1분 참기 운동'**을 당부했습니다. 기업 활동은 혼자 할 수 있는 것이 아니라 모든 임직원들이 함께 2인 3각 경기를 하듯 호흡을 맞춰야 하는 조직적 활동입니다. 1분 참기 운동이란 하고 싶은 말이 있다면 1분만 생각해보고 얘기하라는 것입니다. 조직 구성원들은 각자의 개성과 차이가 있는데 다 자기주장만 해서는 조직이 굴러갈 수 없습니다. 그래서 보고도 못 본 척, 듣고도 못 들은 척하며 때로는 하고 싶은 말이 있어도 참는 것 역시 제가 그동안 중요하게 생각했던 요소입니다.

세 번째는 **'미래 준비형 생활 습관'**입니다. 우리가 현재 어느 위치에 있는지를 확인하고, 미래에는 어느 방향으로 가야 할지 매일 생각하면서 가장 적합한 방법론을 찾아야 합니다. 이것은 지식이 아니라 생활 습관으로 몸에 익혀야 할 일입니다. 반복되는 하루 일과 속에서 혁신을 통해 변화하려는 생활 습관을 체득하고 연마하는 것이 그동안 제가 미래를 위해 끊임없이 준비했던 핵심적인 일과였습니다.

마지막으로, 기업에 있어 남들의 평가보다 중요한 것은 **'미래 생존 가능성을 높이는 것'**입니다. 기업은 임직원을 포함한 모든 이해관계자들에게 그에 맞는 보상과 이윤을 창출할 수 있는 능력을 키워 지속적으로 성장해가야 합니다. 저희 그룹은 이런 기업의 약속을 지키기 위해 미래에 생존 가능성을 높일 수 있도록 현재가 아닌 미래를 보며 전진해가고 있습니다. 오늘의 셀트리온보다 더 성장해 있을 내일의 셀트리온에 대한 비전을 함께 이뤄가는 것이 주요 가치라고 생각하고 있습니다.

'셀트리온은 어떤 기업인가' 하는 질문에 대한 제 생각은 건전한 상식을 바탕으로 한 지속 성장을 가장 중요하게 생각하는 회사라는 한마디로 정리할 수 있습니다. **'셀트리온의 건전한 상식'**은 회사의 주인인 주주분들과 눈을 맞추고 함께 비전을 공유하는 자부심을 가지는 회사가 되는 것 그리고 모든 임직원들이 자신의 업무에서 보람을 느끼며 최대의 성과를 도출해 국가와 인류에 공헌하는 것을 말합니다. 셀트리온은 이런 건전한 상식 속에서 내일을 향해 달려가는 아직 젊은 기업입니다. 회사가 잘못한 점 그리고 고쳐야 할 점이 있다면 수용하며 건강하게 성장할 수 있는 준비가 되어 있어야 합니다.

곽 위원이 작성한 이 관찰기에는 저와 셀트리온의 장점과 단점은 물론 시행착오들도 적혀 있을 것이라 생각합니다. 또한 곽 위원이 제가 하지 않은 얘기를 기술하진 않았겠지만, 그동안 저와 대화를 하면서 나눴던 전체 내용 중 일부만이 강조됐을 수도 있을 것이라 생각합니다.

다만 도전하는 기업과 젊은이들에게 어떠한 의미로든 읽힐 만한 존재가 되었다는 것만으로도 저와 임직원들에게 큰 영광이라고 생각합니다. 또한 이 책이 저와 임직원에게는 그동안 함께 걸어왔던 길을 다시금 생각하는 기회가 되고, 독자 여러분들께는 한 사람과 회사의 성장사를 통해 좋은 면만을 벤치마킹할 수 있는 계기가 되었으면 합니다.

이 관찰기를 써준 곽정수 논설위원에게 깊이 감사드리며, 이 서문을 통해 그동안 저와 저희 그룹에 많은 응원과 관심을 보여주신 셀트리온그룹의 모든 주주들 그리고 전 임직원들에게 고맙다는 정중한 인사를 전하고 싶습니다. 앞으로도 셀트리온그룹이 지금보다 더 좋은 기업으로, 미래를 향해 전진하는 글로벌기업으로 지속 발전할 것이라 확신하고 또 소망합니다.

미래를 향한 끝없는 도전

서정진 셀트리온 회장은 성공한 기업인이다. 창업 20년 만에 재계 40위 권의 대기업을 일구었으니 명실상부한 기업 성공 신화의 주인공인 셈이다. 셀트리온의 시가총액은 조금씩 변동하는 것을 감안해도 48조 원(2020년 12월 11일 기준)으로 상장기업 중 6위에 올라 있어 삼성전자, SK하이닉스 등 한국의 대표 기업들과 어깨를 나란히 한다. 셀트리온, 셀트리온헬스케어, 셀트리온제약 3총사의 시가총액 합계액은 80조 원을 돌파했다. 그가 보유한 상장 주식의 가치는 150억 달러(약 16조 원)를 넘어, 미국 경제전문지 〈포브스〉가 실시간으로 집계하는 전 세계 부자 순위 108위에 이름을 올렸다. 국내에서는 얼마 전 작고한 이건희 삼성 회장을 대신해 1위다.

코로나19로 인한 위기는 서정진과 셀트리온에 또 다른 기회가 되고 있다. 세계를 통틀어 세 번째로 코로나19 치료제 개발을 코앞에 두면서, 한국 국민을 코로나19 팬데믹의 공포로부터 해방시켜줄 '코로나 영웅'으로 급부상하고 있다. 한국을 '코로나 청정국'으로 만든 뒤에는 북한에 치료제를 무상 지원할 수 있다는 뜻도 밝혀 국민을 놀라게 했다. 정주영 현대그룹 창업주가 1998년 소떼 1000마리를 끌고 분단의 경계선을 넘어 남북 교류의 물꼬를 텄듯이 한반도 평화의 전도사 역할을 할 가능성도 엿보인다.

반면 서정진에게는 창업 초기부터 '사기꾼'이라는 이미지가 따라다닌다. 서정진 자신도 그런 말을 듣는다고 스스럼없이 털어놓는다. 2013년에 주가조작 혐의로 기소돼 벌금을 내는 곤욕을 치른 게 영향을 미쳤을 수도 있다. 하지만 창업한 지 20년이 지났고, 이미 성공한 기업인의 반열에 올랐는데도 사기꾼 꼬리표가 완전히 사라지지 않는 것은 특이한 일이다.

서정진의 진짜 모습은 무엇일까? 독자들이 진실을 판단하는 데 이 책이 조금이라도 도움이 된다면 의미 있는 일이라 생각한다.

지금은 서정진이 많은 국민의 관심을 받고 있지만, 필자가 2년 전 처음 만났을 때만 해도 바이오산업에서 성공한 기업인 정도로만 알려져 있었다. 당시 갑작스레 인터뷰 제안을 했는데, 뜻밖에 바로 받아들여졌다. 사실 대기업 총수와의 인터뷰는 쉽사리 성사되지 않는다.

서정진을 만나고 싶었던 이유는 넉넉지 않은 집에서 성장해 자수성가에 성공한 기업인에 대한 관심 때문이었다. 대우차에서 일하던 서정진은 외환위기로 회사가 무너진 직후인 2000년 다섯 명의 후배와 함께 단돈 5000만 원을 쥐고 창업에 뛰어들었다. 부도 위기에 처해 한때 자살 결심까지 했지만, 결국 세계 바이오 시장을 선도하는 기업으로 부상했다. '흙수저' 서정진의 성공 스토리는 지쳐 있는 젊은이들에게 희망의 메시지가 될 수 있을 것이다.

한국·미국·일본 3개국의 상위 20대 기업을 비교하면 미국·일본은 당대에 자수성가한 기업인이 80%를 넘는다고 한다. 하지만 한국은 5, 6년 전까지만 해도 할아버지와 아버지로부터 경영권을 물려받은 이른바 '금수저' 출신 재벌 2·3세들이 100%를 차지했다. 당대에 창업한 부영, 미래에셋이 재계 20위 안으로 부상한 것은 최근의 일이다. 재계 50위권으로 범위를 넓혀도 자수성가한 기업은 셀트리온을 비롯해 카카오, 하림, SM, 네이버, 넥슨, 호반건설, 중흥건설, 넷마블을 모두 합해도 20%에 불과하다. 미국·일본과 정확히 반대인 셈이다. 나라 경제가 활기를 띠려면 서정진 같은 새로운 창업자가 계속 등장해야 한다.

서정진의 성공 비결과 경영방식도 궁금했다. 셀트리온은 2012년 전 세계 최초의 바이오시밀러(Biosimilar, 특허가 끝난 바이오의약품을 모방해 만든 복제약)인 항체치료제*램시마(Remsima)를 개발하는 데 성공했다. 이는 전 세계 항체 바이오시밀러 시장의 개막을 알리는 신호탄이 됐다. 2호, 3호 항체치료제인 허쥬마(Herzuma)와 트룩시마(Truxima)의 개발이 이어지면서 셀트리온은 한국 바이오산업의 대표 주자로 급부상했다. 세계를 통틀어 제약 회사는 30만 개에 달한다고 한다. 셀트리온은 영업이익 기준으로 2021년에는 20위, 2025년에는 10위까지 뛰어오르는 게 목표

• 인체의 면역체계가 바이러스의 침투에 대항해 만들어내는 단백질인 항체를 이용한 치료제.

다. 바이오산업의 불모지인 한국의 현실을 감안하면 기적 같은 일이다.

그 성공의 밑바탕에는 '한국인'의 저력을 믿고, 기업의 가장 중요한 자산은 '사람(직원)'이라고 생각하는 서정진 특유의 경영 철학이 자리 잡고 있다. 서정진에게 자서전을 쓸 의향은 없느냐고 물어본 적이 있다. 그는 고개를 저었다. 대신 다른 사람이 자신에 대한 관찰 리포트를 쓰는 것은 상관없다면서 "나를 관찰하지 말고, 우리 회사(셀트리온)가 어떤 길을 걸어왔는지 봐달라"고 당부했다. 그리고 "그 리포트가 다른 사람들에게 벤치마킹의 대상이 됐으면 좋겠다"는 바람도 드러냈다. 서정진 특유의 셀트리온 경영방식에 대한 자신감이 느껴진다. 셀트리온에는 다른 기업에는 없는 것들이 많다. 아니 반대인 것이 많다는 표현이 더 어울릴지도 모른다. 서정진은 "과거 샐러리맨 시절 싫어했던 것을 떠올리며 그 반대로 한다"고 밝혔다. 이런 '서정진식 거꾸로 경영'이 다른 기업들에도 새로운 영감을 던져줬으면 좋겠다.

이병철 삼성 회장, 정주영 현대 회장 같은 한국 재계의 1세대 창업자들은 무(無)에서 유(有)를 창조하며 위대한 기업가정신을 보여줬다. 이들보다 20~30년 뒤 등장한 2세대 창업자인 김우중 대우 회장은 샐러리맨 출신으로 '세계경영'을 목표로 새로운 기업가정신을 제시했다. 서정진은 김우중보다 30여 년 뒤인 2000년에 등장한 3세대 창업자다. 그는 평소 '파운더(founder)'라는 말을 즐겨 쓴다. 우리말로는 '창업자'라는 뜻이다. 다른 재벌 2·3세들과는 달리 흙수저 출신임에도 자력으로 큰 기업을 일구었다는 특유의 자부심이 배어 나온다. 그런데도 자신에게는 내세울 만한 '기업가정신'이 없다면서 진정한 기업가정신을 찾아 진보하고 발전할 거라고 말한다. 겸손의 표현이라고 생각한다. 만약 필자에게 서정진의 기업가정신이 무엇이라고 생각하느냐고 묻는다면, 우선 '미래를 향한 끝없는 도전 정신'을 강조하고 싶다. 다음으로는 자신과 가족을 뛰어넘어 회사와 직원뿐만 아니라 주주, 사회, 나라에도 도움이 되는 '기업인의 길'을 가고 싶다는 간절한 마음을 꼽겠다.

서정진은 65살이 되는 2020년 12월 31일 정년 퇴임하겠다는 약속대로 임직원과 고별인사를 했다. 그의 아내 박경옥 셀트리온홀딩스 부회장도 같은 날 함께 물러났다. 그의 정년 퇴임은 완전한 은퇴와는 성격이 다르다. 바이오산업과 4차 산업혁명을 결합한 'U(유비쿼터스)-헬스케어'에 도전하는 새로운 출발이다. 서정진 스스로도 "20년 전 창업하던 때로 돌아가는 것"이라고 말한다. 이미 이룩해놓은 성공에 안주하지 않고 끝없이 새로운 도전에 나서는 모습이야말로 서정진의 진정한 기업가정신을 보여준다. 미국 맨해튼의 글로벌 투자자들은 그가 퇴임도 하기 전에 벌써부터 수조 원대의 투자 의사를 밝히며 큰 기대감을 보이고 있다.

이 책은 2019년 2월 첫 인터뷰부터 2020년 11월 말 마지막 인터뷰까지 22개월 동안 서정진과 십여 차례 만나서 나눈 얘기들을 추려 담았다. 서정진과의 만남이 처음부터 책 집필을 염두에 두고 이뤄진 것은 아니었다. 만남은 때로는 단독으로, 때로는 다른 사람과 함께 이뤄졌다. 5시간이 넘는 긴 시간 동안 대화를 나누기도 했고, 짧은 전화통화도 있었다. 대기업 회장과 이런 기회를 갖는 것은 흔치 않은 일이다. 그의 따뜻한 배려가 없었으면 당연히 불가능했을 것이다. 감사의 뜻을 밝힌다.

서정진과 만난 사람들은 그의 묘한 매력에 빠진다. '흙수저' 출신 특유의 소탈함과 솔직함이 넘친다. 말투에 거침이 없고 때로는 걸쭉한 욕

설까지 곁들인다. 오히려 그것이 그의 인간미를 더한다. 된장찌개 같은 특유의 구수한 말솜씨가 곁들여져 시간 가는 줄 모르고 웃음이 끊이지 않는다. 필자는 큰 문제가 없는 한 그의 표현을 있는 그대로 담으려고 노력했다.

독자들의 이해를 돕기 위해 서정진과의 대화를 19개 주제로 정리했다. 대화를 나눈 시간 순서를 따른 것은 아니다. 따라서 내용의 일부는 중복될 수 있고, 심지어 서로 상충될 수도 있다. 독자의 이해를 돕기 위해 필요하다고 생각되는 부분은 대화 시점을 밝혔다. 이 책은 처음부터 순서대로 읽어도 되고 관심 있는 주제부터 먼저 읽어도 무방하다.

누군가와의 대화를 기반으로 글을 쓸 때는 가능한 그 발언의 진위를 확인하는 게 바람직하다. 서정진의 말 중에서 공개된 내용은 가능한 확인하려고 노력했다. 하지만 일부는 필자 역량의 한계 때문에 서정진의 발언에 의존할 수밖에 없었다. 또 어떤 부분은 애초 서정진의 발언 의도와는 다르게 표현됐을 수도 있다. 그 책임도 전적으로 필자에게 있다.

서정진은 스스로 "나는 그렇게 좋은 사람이 아니다. 미화하지 말라"고 '셀프 디스'를 한다. 사업하는 사람은 범생이처럼 살아서는 돈을 벌수 없다고 강조한다. 그래서 사업에 성공한 사람은 자신의 과거를 반성하고, 성공의 결실을 자신을 위해서가 아니라 사회를 위해 써야 한다고 말한다. 이 말이 서정진의 솔직한 생각인지, 아니면 고도의 포장술인지는 독자의 판단에 맡기겠다. 다만 2년 가까이 비슷한 주제에 관해 여러번 대화를 나누다 보니 그의 말이 때와 장소에 따라 크게 달라지지 않는다는 것을 느낄 수 있었다.

서정진은 "인생이나 사업에는 정답이 없다"는 말을 즐겨한다. 그가 앞으로 어떤 모습을 보여줄지는 누구도 단정할 수 없다. 하지만 한 가지 분명한 것은 있다. 그의 새로운 도전은 앞으로도 계속 이어질 것이라는 점이다.

2021년 1월
곽 정 수

차례

PART
01

'흙수저' 서정진

서정진의 학창 시절과 청년기는 파란만장하다. 스스로 "인생을 심심치 않게 살아왔다"고 말한다. 중학교를 다니다가 부친을 따라서 고향 청주를 떠나 서울로 올라왔다. 변두리 동네인 기자촌에서 연탄과 쌀을 팔던 부친을 도와야 했다. 결국 고등학교 진학이 늦어 자신보다 두 살이나 어린 동생들과 함께 고등학교를 다녔다. 대학도 학비를 지원해주는 곳으로 선택했다. 군 생활은 청와대 경호실에서 했다. 한국 현대사에서 큰 전환점이 된 10·26사태를 지켜봤다. 대학 재학 중에 부인과 결혼했다. 지방 초등학교 교사였던 부인의 출근을 돕기 위해 2년간 택시 기사 아르바이트를 한 '순애보'의 주인공이기도 하다.

연탄과 쌀을 팔던 아버지

고등학교를 인천에서 나왔는데, 그곳이 고향인가?

충북 청주다. 분기에 한 번씩은 고향에 간다.

지역구 관리 차원인가? (웃음)

그게 아니라 애향심이지. (갈 때마다) 초등학교 동창들을 모아 밥을 산다.
셀트리온 본사는 주 사업장이 있는 인천이다. 청주 오송공단에 인천공
장 절반 크기의 공장이 있다. 지역에 본사가 있으면 동네 사람들의 민
원 제기가 많다. 마라톤 대회를 해도 연락이 온다. 과거 대우자동차에
다닐 때 회사가 어려워지니까 위에서 인천 시민들에게 도움을 요청해
보라는 지시가 내려왔다. (대우차 공장은 인천 부평에 있었다.) 그래서 주민들
을 만나니 그동안 대우차가 뭘 해줬느냐고 묻더라. 지금 셀트리온은 인
천 기업으로 인정받고 있다.

서울은 언제 왔나?

다음 해인 중학교 3학년 때 서울 구파발의 기자촌으로 이사했다. 아버
지가 처음에는 연탄장수를 하셨다. 돈을 모아서 쌀장사를 하고, 다시
돈을 모아서 조그만 방앗간을 했다.

기자촌이면 기자들이 많이 살던 동네인데.

그렇다. 친구들 아버지가 다 기자였다. 아버지가 멋모르고 기자촌에 가는 바람에 팔자에 없는 기자 자녀들과 어울려 지냈다. 당시에는 해직기자가 엄청 많았다. 이 친구 아버지가 취직하면 저 친구 아버지가 해직되고, 저 친구 아버지가 취직하면 이 친구 아버지가 해직됐다.

1972년 유신체제가 시작되면서 언론통제가 심했다. 자유언론운동을 벌이던 많은 언론인들이 큰 고초를 겪었다. 1975년에는 130여 명의 동아·조선일보 기자들이 강제 해직됐다.

그래서 기자해야겠다는 생각을 안 했다. (인생이) 복잡하겠더라. 안정적인 직업이 아냐(웃음). 나하고 아주 친했던 애가 판문점도끼만행사건*의 유명한 사진을 찍은 양반의 아들이었다. 걔는 맨날 자기 아버지 얘기만 했다. 그게 특종이잖아. 특종하기가 얼마나 어려운지 얘기했다. 그래서 기자는 사진 하나만 잘 찍으면 되겠다고 생각했다. 아버지하고 동네 몇 분이 기자촌 교회를 만들었다. 조그맣게 천막도 없이 시작한 거다. 그런데 매일이 전투였다(웃음). 다들 주장이 강해서 기자들이 많이 오는 교회는 목사 하기도 어렵다. 설교를 듣고 나면 "아멘" 하고 끝나야 하는데, 설교 내용이 이해가 안 된다고 따지니까 목사님이 해명하는 보충 설명을 해야 했다. 지금은 기자촌이 재개발돼서 동네가 없어졌다.

• 1976년 8월 16일 미군과 한국군이 판문점 '돌아오지 않는 다리' 부근의 남쪽 초소에서 미루나무 가지를 제거하던 중, 북한군이 도끼와 몽둥이로 폭행해 미군 장병 2명이 사망하고 다수가 중경상을 입은 사건.

그 양반들도 꽤 돌아가셨다.

나이보다 고등학교 진학이 늦었는데.

2년간 부친 장사를 돕느라고 학교에 다닐 수 없었다. 나중에 진학을 하려는데, 그사이 '뺑뺑이(고교평준화)'로 바뀌었다. 그래서 인천의 제물포 고등학교에 들어갔다. 그곳에서 하숙을 했으니 유학한 셈이다. 내가 호적에는 57년생으로 되어 있는데, 원래는 56년생이다. 제물포고는 58년생(고교평준화 시행 첫해인 21회 졸업생)들과 같이 다녔다. 그래서 내 친구는 55년생부터 60년생까지 다양하다. (나 때문에) 친구들끼리 충돌하기도 한다. 내 친구 중에는 남동생의 친구도 있다.

제물포고 동기 중에는 누가 있나?

차동민 김앤장 변호사(전 서울고검장), 권재홍 전 MBC 보도본부장, 홍종학 전 중소기업부 장관, 박남춘 인천시장이 모두 동기다.

청와대 경호실에서 10·26 사태를 겪다

건국대에서 산업공학을 전공했다.

건국대가 명문 고등학교 출신 졸업생들을 데려갔다. 나도 팔려간 것이다(웃음). 1977년 입학하자마자 군에 입대했다. 고등학교를 늦게 가다 보니 군입대 영장이 나와버린 거지. 군 생활은 청와대 경호실에서 했다. 박정희 대통령이 서거한 뒤 경호실이 해산되면서 전두환 당시 장군이 지휘하는 합수부로 옮겼다. 내가 이등병 시절에 전두환 소장이었는데, 병장일 때는 대통령이 되더라.

10·26 사태의 현장에 있었던 셈이네. 1980년 5·18 민주화운동도 군대에서 겪었나?

그 직전에 제대했다. 제대와 동시에 복학했다.

대학 생활은 어땠나?

내가 나름대로 유명한 사람이었다.

무슨 이유로?

(잠깐 뜸을 들이더니) 그냥 무명(無名)하지는 않았다(웃음). 해마다 전교 수석이었으니까. 대학도 4년을 다 안 다녔다. (원래는 1984년 봄에 졸업했어야 하는데) 1983년에 조기졸업했다. 내가 문교부 공식 조기졸업 1호다. 천재라서가 아니라 취업을 위한 것이었다. 4년을 다 채우면 연령 초과로 취업을 할 수가 없었다.

첫 직업은 택시 기사

대학 재학 중에 결혼했는데.

3학년 때다.

급하게 서둘러야 할 사정이 있었나?

그런 게 아니다. 6년간 연애를 했는데, 장인어른이 "도대체 어떻게 할 거냐, 결혼은 언제 할 거냐"고 다그치셨다. 내가 "정 못 미더우면 혼인신고부터 하라"고 했다. (얼마 있다가 보니) 장인어른이 와이프를 내 호적에 올린 거야. 처가에서 내 막도장을 파서 신고한 거지. 당시는 (혼인신고에) 인감도장이 필요 없었다. 그 뒤로는 처갓집이 안심하는 것 같았다. 결혼식은 1년 뒤에 올렸다. 크리스마스를 앞둔 12월 17일이었다. 신혼여행을 갔는데, 남자들(신랑)이 모두 발코니에 나와 (심각한 표정으로) 담배를 피우고 있더라. 여자들은 여유가 있고(웃음).

재학 중에 택시 기사를 했다는데?

아르바이트로 한시택시° 기사를 했다. 운전면허 따고 일주일 뒤에 바로 시작했다. 그래서 내 첫 직업이 택시 기사다. 와이프가 교대를 졸업하고 한국외대 분교가 있는 용인 왕산에서 처음 교사 생활을 시작했다. 신혼집으로 서울 강동구 암사동의 14평짜리 주공아파트를 얻었는데, 용인까지 출퇴근이 힘들었다. 내가 아침에 택시로 데려다주고, 합승 손님을 태워 서울로 돌아왔다. 택시를 몰고 학교에 가면 친구들이 운전을 가르쳐달라고 했다. 운전교습비가 비쌌는데 반값만 받고 가르쳤다. 그때 몰았던 택시가 포니1, 브리사, 포니2다. 포니1은 브레이크가 잘 안 들어서 급제동을 걸면 다리가 아플 정도였다. 택시 기사는 길을 잘 알아야 하고, 손님과 길을 동시에 봐야 한다. 손님이 손만 흔들면 착 하고 세

• 정부가 1979년 4월 시행한 제도로 모든 지입차주에게 시한부 택시면허를 부여했다.

워야 한다. 처음 차를 몰고 나가니까 사람을 보면 길이 안 보이고, 길을 보면 사람이 안 보이더라(웃음). 당시는 합승을 하던 때였다. 손님이 어디 갈 것인가를 예측해서 태우는 게 택시 기사의 노하우다. 문을 잠근 채 창문만 내리고 어디 갈 거냐고 물었다. 합승하기 좋은 곳으로 가야 하기 때문에 첫 손님이 중요했다. 그렇게 안 하면 사납금을 못 채웠다.

택시 기사는 얼마 동안 했나?

2년 뒤 삼성전기에 입사하면서 그만뒀다. 삼성 근무지가 수원이었고 와이프도 신갈의 초등학교로 옮겼다. 삼성에서 받은 첫 월급이 16만 원이었는데, 택시 기사 수입은 그 두 배였다. 당시는 영어를 할 줄 아는 기사가 거의 없었다. 호텔 벨보이가 영어가 가능하냐고 물어서 그렇다고 하니까 외국인 손님을 맡겼다. 덕분에 수입이 좋았다. 외국인을 태우고 공항에 가면 잔돈을 다 가지라고 했다. 요령이 생겨서 중간에 쇼핑을 시키고 잔돈을 챙겼지. 지금껏 인생이 술술 풀린 적은 없다. 심심치 않게 살아온 거지(웃음). 와이프가 명예퇴직하면서 하루 동안 명예 교감을 맡았다. 집안에서 공직자로서 가장 높은 자리에 올라간 게 와이프다.

PART
02

이병철과
김우중을 만나다

서정진은 월급쟁이 생활을 하면서 한국 재계의 거목인 이병철 삼성 회장과 김우중 대우 회장을 직접 지켜본 특이한 경험의 소유자다. 서정진은 사업보국(事業報國)을 경영이념으로 삼은 이병철 회장을 가장 존경한다. 김우중 회장은 그를 임원으로 전격 스카우트한 뒤 대우차 세계경영의 핵심 업무를 맡겼다. 외환위기 속에서 구조조정을 외면한 채 몸집 불리기에 여념이 없던 대우는 끝내 해체되는 운명을 맞았다. 서정진은 자신에게도 큰 책임이 있다고 고백한다. 서정진은 이병철과 김우중 회장 같은 1·2세대 창업자와 자신과 같은 3세대 창업자의 가장 큰 차이점에 대한 생각을 솔직하게 털어놓는다.

가장 존경하는 기업인은 이병철 삼성 창업주

삼성에서 어떤 일을 했나?

삼성전기 소속으로 그룹 비서실에서 근무했다. 용인 에버랜드 연수원에서 신입 사원 교육을 담당했다. 논산훈련소의 조교 같은 역할이다. 연수팀은 에버랜드에서 숙식을 했다. 거기서 신입 사원을 호되게 훈련시켰다. 강사가 10시라고 말하면 시곗바늘이 땡하고 10시를 칠 때 정확히 맞춰야 했다. 버스를 탈 때도 지켜보고 있다가 정각이 되면 바로 문 닫고 출발했다. 차를 못 탄 사람은 자동 퇴사였다. 시간으로 사람을 조지니까 스트레스가 많았을 것이다. 조교 특권으로 차문을 5초 늦게 닫을 수 있었다. 스스로 실세라고 생각했다. 신입 사원들은 내가 사원인 줄도 모르고 선배님이라고 90도로 인사했다.

당시는 이병철 삼성 창업주가 살아 있을 때인데.

내가 가장 존경하는 경영자가 이병철 회장이다.

이유가 무엇인가?

이 회장은 '사업보국'이라는 말을 많이 했다.* 내가 보기에 가식이 아니었다. 이 회장은 나라에 대한 생각이 많았다. 하지만 인(人)의 장벽에 둘러싸여 있었다. 그러다 보니 정작 삼성의 실체를 몰랐다. 그룹 경영은 비서실과 감사팀 중심으로 이뤄졌다. 이들의 의견이 그룹의 실상인 줄 알았다. 하지만 그들도 내부 인맥 중심으로 움직였다. 당시 워드프로세서가 도입됐는데, 이 회장은 못 쓰게 했다. 계열사의 보고는 모두 워드로 오는데 비서실은 손으로 썼다. 왜 저런 미친 짓을 할까 하고 생각했다. 당시는 사무자동화 개념이 없었다. 이 회장은 쓸데없는 데 돈을 낭비하지 말라는 뜻이었을 것이다.

대우 해체에 절반의 책임이 있다

삼성에서 4년간 일하다 한국생산성본부로 옮겼는데.

생산성본부 상무였던 손병두 부회장(전 전경련 상근부회장)이 불렀다.

맞다. 손 부회장이 원래 삼성 비서실 출신이다. 3년 만에 다시 생산성본부에서 대우차로 갔는데.

대우가 (1978년) 새한자동차를 GM으로부터 인수해서** 대우차로 이름

- 기업은 인류와 국가에 도움을 주는 사업으로 국가 발전에 기여해야 한다는 이병철 회장의 경영철학.
- ** 신진자동차공업이 1972년 GM과 손잡고 GMKorea(지엠코리아) 설립. GMKorea는 1976년 산업은행 관리체제로 들어가면서 새한자동차로 사명 변경. 이후 대우그룹이 1978년 새한자동차를 인수해 대우자동차로 사명 변경. 1992년 GM 지분을 인수해 독자 경영 시작. 1999년 대우그룹 해체. 2000년 대우자동차 법정관리. 2002년 GM이 대우자동차 인수.

을 바꾸고 생산성본부에 컨설팅을 맡겼다. 대우차의 품질과 생산성 혁신 방안을 내라는 것이었다. 사실 자동차에 대해서는 잘 몰랐는데 그때 이렇게 말했다. "차를 팔려면 차종이 최소 5개는 있어야 한다. 대형차부터 경차까지. 차 하나를 개발하는 데 3000억 원이 든다. 당시 대우차 생산량이 연간 20만 대다. 그럼 개발비만 대당 150만 원 꼴이다. 차를 팔아도 개발비가 안 나온다. 품질과 생산성을 향상할 답이 없다." 프레젠테이션의 결론은 단 세 줄이었다. "개발을 하면 개발을 해서 망하고, 개발을 안 하면 차가 없어서 망하는데, 왜 GM을 인수하셨습니까?"

김우중 회장이 뭐라고 하던가?
무슨 소리냐고 묻더라. 그래서 (이런 상황에서) 품질과 생산성을 어떻게 올리느냐고 했다. 김 회장이 대책이 뭐냐고 하기에 대책이 없어서 생각을 안 해봤다고 했다. 김 회장이 (대책을) 생각해보라고 하더라. 그래서 동유럽이 개방되니까 걔네들 자동차 회사를 인수해서 200만 대 규모로 늘리면, 차 한 대당 개발비를 15만 원으로 낮출 수 있다고 건의했다.

대우차가 이후 동유럽 자동차 회사를 인수한 것을 보면, 건의가 받아들여진 것 같다.
"내 생각이 자네와 같네"라고 하더라. 그래서 (동유럽의 자동차 회사를) 인수한 거야. 김 회장이 대우차로 오라고 했다. 김태구 회장에게 나를 임원으로 데려오라고 지시했다. 며칠 뒤 운전기사가 와서 오늘이 출근 날이라고 하더라.

그때가 언제인가?

1990년이니까 34살 때다. 그때 처음으로 운전기사가 딸린 차를 탔다. 대우차 세계화추진본부장을 맡았지. 대우맨들이 모두 나를 욕했다. 나 때문에 고생한다는 거였다. 그렇게 얼떨결에 대우차로 옮겼는데 김태구 회장이 1년 동안 나에게 존댓말을 쓰는 거야. 나를 존경해서 그러는가 생각했는데, 나중에 내가 하도 같잖아서 그랬다고 하더라(웃음). 김태구 회장은 1년 뒤에서야 말을 놨다. "김우중 회장 지시로 (마지못해) 임원을 시켰는데, (두고 보니까) 그냥 데리고 일해도 되겠다는 생각이 들었다"고 털어놓더라.

세계화추진본부장으로 어떤 일을 했나?

경영혁신 활동이다. 해외공장을 만들고 해외기업을 인수하는 것도 했다. 대기업이 좋은 게 하나 있다. 책임질 일은 서로 하지 않으려고 한다. 내가 하겠다고 하면 말리는 사람이 없었다. 대신 나보고 책임지라고 했다.

대우차는 대우 세계경영의 중심축이었다. 무리한 세계경영이 대우 해체의 원인이라는 지적도 있다.

(대우의 세계경영에) 시행착오도 많고, 해프닝도 많았다. 대우가 무너진 책임의 절반이 나에게 있다고 생각한다. (김 회장이) 많은 기회를 줬다. 아쉬운 것도 많다. 나중에 사업할 때보다 당시에 일을 더 열심히 했다.

1·2세대와 3세대 창업자의 차이

1세대 창업자인 이병철 삼성 회장과 2세대 창업자인 김우중 대우 회장을 가까운 거리에서 직접 보았다. 서 회장은 3세대 창업자 중 대표 주자다. 1·2세대 창업자와 3세대 창업자의 가장 큰 차이는 무엇인가?

나는 두 회장을 직접 모셨던 사람이다. 그 양반들은 절대 권력을 행사했다. 지금은 그렇게 일하는 사람이 많지 않다. 요즘 젊은이들은 절대 권력을 휘두르거나 억박지른다고 최선을 다하지 않는다. 자신들이 동의할 수 있어야 한다. 1세대들이 지금 경영을 한다면 장점이 살아나기 힘들 거다. 지금의 창업자들은 직원들과 소통이 안 되면 성공할 수 없다. 비서가 아침 6시에 회사와 주주 관련 뉴스 등을 보고할 때도 주로 불만 사항에 주목한다. 회사가 들어야 할 소리 말이다. 블라인드* 앱에 올라온 직원들의 소리도 경청해야 할 사항이다. 직원 한 명이 자기가 장염에 걸렸다는 내용을 블라인드에 올린 적이 있다. 가만히 보니까 그런 직원이 한 명이 아니더라. 딱 보니 식중독이야. 새벽 5시에 전 그룹 비상 임원회의를 소집했다. 보고는 받았는데 그냥 넘어갔다고 하더라. 새벽 5시 30분에 블라인드에 증상이 있는 직원들 모두 자진신고하라고 올렸다. 원인을 찾고 대책을 수립하겠다고 했다. 환자가 170명에 달했다. 식약처, 인천시, 연수구, 보건소에 모두 보고하고, 환자 입원시키고, 모든 조처를 끝냈다. 블라인드에 "어디에다 얘기하면 되나", "당국에 빨리 신고해야 하는 것 아니냐", "출근해야 하느냐?", "팀장들이 빨리 움직

---

* 기업 직원들이 익명으로 소통하는 애플리케이션.

여 감사하다", "아픈 사람들 얼른 쾌차하라" 등 여러 글이 올라왔다. 170명이 식중독에 걸려도 신속히, 진심으로 액션하면 해결된다. 그런데 이를 숨기려 하면 요즘 젊은 친구들은 참지 않는다. 젊은이들의 생각을 우리 세대는 이해하기가 쉽지 않은데, 솔직히 우리 세대보다 낫다. 생각도 낫고 실력도 좋고 일하는 스타일도 깔끔하다. 젊은 친구들 때문에 답답한 적은 없었다. 확실한 점은 저를 인정하지 않고 의견을 묵살하면 따르지 않는다는 것이다.

PART
03

40대 중반에
단돈 5000만 원으로 창업

서정진은 1999년 대우그룹 해체로 갑자기 실업자가 됐다. 그는 좌절하지 않고 대우차에서 함께 일한 다섯 명의 후배와 함께 단돈 5000만 원을 쥐고 창업에 도전했다. 기우성 셀트리온 대표이사 부회장, 김형기 셀트리온헬스케어 대표이사 부회장, 유헌영 셀트리온홀딩스 대표이사 부회장, 문광영 전 셀트리온스킨큐어 대표이사 사장, 이근경 셀트리온헬스케어 고문이 창업공신들이다. 서정진은 인천 연수구청의 벤처센터에서 넥솔을 설립하고 다양한 사업의 가능성을 찾으며 시행착오를 거듭했다. 앞이 보이지 않는 위기 상황에 자살이라는 극단적인 생각도 했다. 그러다 바이오시밀러라는 미개척 분야에 눈을 뜨게 된다. 바이오시밀러는 특허가 끝난 바이오의약품을 모방하여 만든 복제약이다. 서정진은 바이오의약품의 특허 만기가 곧 도래한다는 사실을 간파하고, 미래에는 바이오시밀러 사업이 무한한 가치로 떠오를 것을 내다봤다. 셀트리온 신화는 그렇게 시작됐다.

나도 창업했는데 누가 못할까?

처음에 사업은 어떻게 시작했나?

나이 마흔다섯(한국 나이 기준)에, 단돈 5000만 원 가지고 시작했다.

요즘 청년들의 취업난이 살인적인 수준이다. 코로나 사태로 더 어려워졌다. 남들보다 늦은 나이에 거의 빈손으로 시작해 자수성가를 했는데, 청년들에게 어떤 격려의 말을 해주고 싶은가?

옛날에는 미국 캘리포니아의 산호세에 가면 젊은이들의 열기 때문에 흥분이 됐다. 요즘에는 중국 푸동과 상하이에 갔을 때 같은 기분을 느낀다. 하지만 우리나라는 용광로의 불이 꺼져가는 것 같아 불안하다. 얼마 전에 한양대에서 강의를 한 적이 있다. 나는 서울대·연대·고대가 아닌 건국대를 나왔고, 45살에 단돈 5000만 원으로 사업을 시작했다. 의학자도 아니고 생명공학을 전공하지도 않았다. 전공과 상관없이 사업을 했다. 내가 할 수 있었으면 우리나라에서 못할 사람이 없는 것 아닌가? 나보다 좋은 대학 나온 사람이 잔뜩 있고 5000만 원 이상 가진 사람도 많다. 부모가 5000만 원 줄 수 있는 사람은 손들어보라고 했더니 절반은 들더라. "너희들은 나보다 훨씬 유리한 조건"이라고 했다. 창업 17년 만에 〈포브스〉 발표 기준 전 세계 500대 부자에 올랐다. 학생들이 나 같은 사람은 처음 본다고 하더라. 절박하면 하는 것이다. 스스로 절박하게 만들어라. 여유가 있으면 안 한다. 도망갈 구멍을 찾으면 안 된다. 스스로 코너에 몰아넣고 단련시키라고 말했다. 내가 해보니까 별것 아니다. 하지만 자기 실력만으로는 안 된다. 성공하고 싶으면 하루에 10명한테 미안하고 고맙다고 진심으로 말해라. 그러면 성공할 것이다.

자살 미수 사건

'미안하다, 고맙다'라고 진심으로 말하면 성공할 거라고 했는데, 숨은 사연이 있나?

사업 초기에는 제대로 안 풀렸다. 안 망하려고 죽을 등 살 등 해봐도 정말 안 되더라. 나는 똑똑한데 되는 게 하나도 없었다. 사기꾼이라는 소리를 많이 들었는데, 실제 사기를 쳤다는 소리는 안 들었다. 어쨌든 내 얘기를 믿는 사람이 없었다. 그러면 사람이 어떻게 되냐면 사업하기 이전으로 돌아가는 꿈을 꾼다. 이게 제일 행복한 것이다. 그런데 눈을 뜨면 사업을 하고 있다. 정말 끔찍한 일이다. 제일 무서운 건 은행 문 여는 거였다. 나갈 돈은 있는데 들어올 돈은 없었다. 그러다가 어느 날 가만히 생각해 보니까, 그냥 놔버리면 되겠더라고. 솔직히 고민할 것 없이 놓으면 끝나는 거 아니냐. 그렇게 자살을 생각하게 됐다.

그냥 (자살할) 생각만 한 것인가?

실제로 자살 사이트에 들어가 봤다. 잘돼 있더라. 충분한 정보를 제공해줬다(웃음). 제일 먼저 자살 방법을 생각하는데, 아파트에서 떨어지는 건 너무 아플 것 같았다. 후기가 있으면 물어볼 텐데 자살 사이트는 후기가 없는 게 특징이다(웃음). 어쨌든 나는 덩치가 커서 투신은 아닌 것 같았다. 연예인들은 목을 매고 죽잖아. 하지만 그것도 (끈이) 끊어지면 얼마나 쪽팔리겠나. 그래서 차를 타고 물로 뛰어 들어가는 게 제일 좋다고 생각했다. 장소를 경기도 양수리로 정했다. 자살은 날짜도 잘 잡아야 한다. 제삿날이 쉬워야 하니까 국경일이나 1일, 15일, 30일 중에서 잡아야 한다. 21일 같은 날을 고르는 사람은 없다. 날짜를 골랐다. 그다음 생각한 게 유서였다. 그런데 내가 유언을 해도 식구들이 못 알아들었다. 오늘 따라 왜 귀찮게 구냐면서 빨리 자라는 거야. 마지막 날 밤을 꼬박 샜는데, 유서를 어디다 둬야 하나 고민이 됐다. 빨리 발견해도 문제고 발견이 안 돼도 문제니까. 해가 뜬 뒤 집을 나서면서 식구들에게 마지막 유언을 했는데 또 못 알아들었다.

그래서 양수리로 갔나?

실제로 갔다. 그런데 막상 가니까 점심을 먹고 죽을까, 먹지 않고 죽을까 고민이 됐다. 그래도 먹고 죽는 게 나을 것 같았다. 마지막 메뉴라고 생각해서 이것저것 다 시켰다. 식당 주인이 어떻게 다 먹느냐며 뭐라고 그래. 그래서 일행이 더 올 거라고 둘러댔다. 그런데 자살 날짜는 정했는데, 정작 몇 시에 죽겠다고 정한 것은 아니잖아. 담배를 피우고 있으니까 해가 지겠더라고. 그래서 차를 타고 나섰다. 자동차 액셀을 탁하고 밟았는데, 가드레일을 들이받았다. 나도 모르게 브레이크를 밟아서 강으로 들어가지는 못했다. 차를 후진시키다 트럭이 중앙선을 넘어오는 바람에 (부딪혀서) 죽을 뻔했다. 자살하러 갔지, 교통사고로 죽으려던 건 아니지 않은가. 그날은 일진이 안 좋다고 생각했다. 다음에 다시 하자는 생각이 들었다.

미안하다, 그리고 고맙다

다시 (자살을) 시도했나?

미수로 끝나고 집으로 돌아왔는데, 계획에도 없는 15일을 더 살게 됐다. 와이프를 봤는데 미안하더라고. 그래서 진짜 미안하다, 고맙다고 했다. 애들한테도 그렇게 말했다. 직원들에게도 그랬다. 죽기 전에 그동안 못 만난 사람이나 만나자고 생각했다. 15일 동안 그 사람들을 만나서 미안하다, 고맙다는 얘기만 했지. 진심이 전해지는 것 같았다. 웃기는 것은 15일 뒤에 죽어야 할 이유가 다 사라진 거야. 죽어도 대출 안 해준다고 했던 은행에서 서류를 다시 가져오라고 연락이 오고, 직원들이 회장님 힘내라고 하고, 애들이 아빠 힘내라고 했다. 문제가 다 해결됐다. 감사하다는 그 말밖에 안 했는데 모든 게 확 바뀌었다.

한 편의 드라마 같은 얘기다.

뉴욕에 출장을 갔는데, 할 일이 없어 성경의 마태복음을 읽었다. 예수 위인전이라고 생각했는데 4시간이면 뗄 수 있더라. 한 번 더 읽는 데는 2시간밖에 안 걸렸다. 마태복음에는 천당에 가라는 얘기가 별로 없다. 예수가 한 말은 신은 너한테 복을 주길 원하니 복받을 짓을 하라는 거야. 이후 이스라엘에 출장 갈 때 예수가 한 말을 지도에 적어보았다. 간단히 요약하면 '사랑하라, 그다음에 실천하라'다. 실천한 사람은 반석위에 집을 지은 자이고, 실천을 안 하면 모래 위에 집을 지은 자다. 내가두려워하는 게 복을 못 받는 것이다. 성공은 '운칠기삼(運七技三)'이다.실력이 30%라면 70%는 운이 있어야 한다. 운이 있으려면 복을 받아야하는데 그러려면 복받을 짓을 해야 한다. 내가 똑똑한 척해서는 결코성공할 수 없다는 것을 깨달았다. 가족에게 미안하고 고마웠다. 지금까지 직원들에게도 그 생각을 갖고 있다. 셀트리온이 성공한 베이스에는이것이 깔려 있다. 나 혼자 발버둥칠 때는 되는 일이 하나도 없었다.

살인과 도둑질 빼고 다 했다

기업가로 유명해질 줄 알았나?

나는 유명인이 되고 싶었던 사람이 아니다. 유명인 하고 싶냐는 질문에그렇다고 답변한 적도 없다. 유명인이 될 준비가 전혀 안 되었고, 그저평범한 사람인데 얼떨결에 유명해졌다. 어느 날 와이프에게 왕건이 고려를 만들 때 좋은 일만 했겠느냐고 물었다. 나쁜 일도 했을 것 같다고하더라. 다시 이성계와 이방원이 조선을 만들 때 좋은 일만 했겠느냐고 물었다. 역시 나쁜 일도 했을 것 같대. 그래서 나도 나쁜 일 했겠느냐고 물으니까 무슨 나쁜 일을 했냐고 묻더라. 한 건 한 건 기억은 안 나지만 나도 도덕적으로 완벽하지는 않았을 거 아닌가? 사람 안 죽이고, 도둑질 안 하고, 나머지는 다 했다고 말했다. 나머지 다 했다는 게 무슨 뜻이냐고 물어. 그래서 하다 보니 그렇게 됐는데 이제 안 하려고 노력한다고 했다. 왜 그러느냐고 하기에 내가 (나쁜 짓 한 것을) 숨기려고 했는데 양심선언을 하겠다는 사람이 많아서 고백하는 거라고 했다. 언제 무슨 일이 터질지 모르니까 이해하라고 했다. 두 가지(살인과 도둑질)는 확실히 안 했고, 나머지는 애매모호한 게 많으니까. 와이프가 어디 가서 절대 그런 얘기하지 말라고 당부하더라(웃음).

부인에게 너무 솔직하게 털어놓은 것 아닌가?

요즘 하나님에게 이렇게 얘기한다. 내가 하는 만큼 할 테니 와이프한테는 과거가 들키지 않게 해달라고(웃음). 다른 건 막을 수가 있는데 와이프에게 알려지면 안 될 일을 들키면 안 되잖아. 그런데 그것도 어려운 일이다. 툭하면 양심선언을 하겠다는 사람들이 많아서(웃음). 이렇게 유명한 사람이 될 줄 알았으면 모범생으로 살았을 텐데 유명해질 줄 몰랐다. 이게 내 목표가 아니었거든. 사실 기업가는 기업가일 뿐이다. 아주 좋은 기업가도 없고, 나쁜 기업가도 없다. 기업하는 사람이 사기 안 친 사람이 있겠느냐. 장사하다 물건 팔려면 장점은 부풀리고 약점은 숨겨야 하거든. 그렇잖아. 기업가는 정치인이 아니다. 좋은 기업가도 없고, 나쁜 기업가도 없고, 큰 기업가도 없고, 작은 기업가도 없다. 가급적 좋은 기업가가 되려고 노력하는 사람만 있을 뿐이다. 그 사람도 이전에는 비난받을 짓을 많이 한 기업가였을 것이다. 나도 좋은 기업가라고 자신 있게 말할 수 있는 사람이 못된다. 만약 범생이로 살았으면 성공을 못 했겠지. 내가 유명해지니까 요새 부담스러운 게 정말 많다. 공항 같은 데 가면 사람들이 죽 쳐다본다. 내가 지나가면 뒤에서 얘기를 한다. 한

번은 어린아이가 "서정진 회장 아니냐"고 반말로 말하는 것을 들었다. 다른 회장에게 그 얘기를 하니까 "형님은 나은 편"이라고 한다. 자기에게는 '회장'도 안 붙이고 그냥 '재'라고 한다는 거야. 어느 정도 우리나라를 대표하는 수준의 기업인이라면 언행을 조심해야 한다. 그런데 그 사람이 과거에는 그런 생각을 못하고 살았을 수 있거든. 그래 놓고 나는 이런 사람이라고 내세우면 웃기는 놈이 된다. 내가 그렇게까지 평가받을 사람은 아니라는 얘기다. 이제는 나쁜 짓 안 하려고 노력하는 사람이다. 다만 아주 나쁜 짓은 안 했다.

차용증 없이 15억 원을 빌려준 친구

사업이 어려울 때 도와준 친구가 있다는데.

어느 날 김형기 부회장이 내일까지 15억 원이 필요하다고 하더라. 그 돈 없으면 부도가 난다는 거야. 나에게 그동안 고생 많으셨다면서 울더라. 자기는 내일 산속으로 들어갈 거라면서. 그래서 내일 은행 앞에 가서 있으라고 지시했다. 치과의사인 고등학교 친구가 병원 짓는다고 아버지에게 돈을 받았다는 얘기를 들은 기억이 났다. 전화를 걸어서 병원을 지었냐고 물으니까 아직 안 지었대. 그래서 내일 돈을 보내라고 했다. 왜냐고 묻기에 너하고 나 사이에 그런 걸 물어야 하느냐고 소리 질렀다. 얼마 보내냐고 해서 15억 원 다 보내라고 했다. 다음 날 김형기 부회장에게서 1억 원이 입금됐다는 연락이 왔다. 친구에게 알아보니 당시 온라인 뱅킹의 하루 송금 한도가 1억 원이었다. 친구를 직접 찾아가서 나머지도 현금으로 다 받아오게 했다. 그러고는 그 일을 잊었다. 반년이 지났는데 그 친구 부친께서 보고 싶어 한다는 연락이 왔다. 아차 했다.

친구 아버지에게 크게 혼났나?

싫은 소리는 한마디도 안 하셨다. 그냥 "아들에게 얘기 들었는데, 네가 필요하다니 돈을 준 것은 잘했다. 그런데 우리 집안이 이제 너에게 달렸다"고 하시더라. 그리고 유용하게 썼느냐고 물으시기에, 덕분에 부도는 안 났다고 답변 드렸다.

친구도, 친구 부친도 대단한 분들이다. 15억 원은 갚기는 했나?

그 친구가 차용증 한 장 안 받고 돈을 빌려줬다. 이후 15억 원 대신에 주식을 액면가로 줬다. 당시 우리 주식은 그냥 종잇조각에 불과했다. 그 친구가 지금 셀트리온 주식을 개인으로는 제일 많이 갖고 있다. 30만 주 정도(2020년 12월 11일 종가 기준 약 1000억 원) 된다. 치과의사가 금융에도 해박하다는 얘기를 듣는다고 한다(웃음). 어느 날은 그 친구가 이를 뽑다가 한심하다는 생각이 들더란다. 당시 주가가 크게 떨어져서 수억 원의 손해를 보았는데 이나 뽑고 있으니. 지금 치과 병원은 취미로 한다. 내가 평생 그 친구에게 고마워한다. 개도 나에게 고마워한다. 돈을 빌려준 것을 마누라에게도 말 못하고 아버지에게도 말 못하고 6개월간 끙끙 앓았다고 했다. 아버지가 병원 언제 짓느냐고 물어봐서 그때야 자수했다고 한다. 그래서 친구 아버지가 나에게 오라고 한 것이다. 내가 성공할 수 있었던 것은 운이 좋아서다. 좋은 친구와 좋은 직원들이 있어서 가능했다.

신에게 바칠 돈으로 세운 복지재단

셀트리온에는 복지재단이 있다. 사업 초기인 2006년 설립했는데, 회사 형편이 어려울 때 아니었나?

사업 초창기에 계속 투자를 하는데도 매출이 안 나왔다. 교회에 가서 기도했다. 성공해서 첫 매출이 나오면 모두 기부하겠다고. 교회를 나오면서 너무 멋있는 기도라고 생각했다. 그런데 정말로 15억 원이 들어왔다. 당시로는 큰돈이었다. 하나님하고 약속을 했는데 안 지키는 것은 찜찜할 것 같았다. '쇼당'을 치기로 했다. 교회에 가서 하나님에게 반반씩 나누자고 했다. 하나님이 대답을 안 하시더라. 3분의 2만 가지시고 3분의 1은 내가 쓰겠다고 다시 제안했다. 그래도 아무 얘기 안 하셨다. 그래서 알았다고 했다. 그 돈으로 셀트리온복지재단을 만들기로 했다. 내가 대단해서가 아니라 찜찜해서 만든 것이다.

복지재단에서는 어떤 일을 하고 있나?

재단이 출연한 돈은 모두 국가 재산이다. 재단은 출연금에서 나오는 이자만 쓴다. 셀트리온 계열사들은 이익이 나면 그 일부를 재단에 기부한다. 복지재단은 인천·충북·충주의 복지담당 공무원, 경찰, 선생님이 어려운 일이 있다고 하면 24시간 안에 도와준다. 대신 단체의 지원 요청은 안 받는다. 그러다 보니 1년에 30억 이상 쓰기 어렵다. 도와달라는 공무원이 별로 없어서 불우이웃 돕기가 그렇게 힘든 줄 몰랐다. 인천의 불우이웃을 무제한으로 돕겠다고 해도 신청하지 않는다. 우리나라의 사회복지가 맹탕은 아니다. 모든 기업이 자기 동네를 커버한다. 그런데 세 군데 사각지대가 있다. 불효자식이 돌보지 않는 부모, 본인 살기도 어려운데 조부모가 키우겠다고 고집하는 아이 그리고 혼자 사는 독거인이다. 셀트리온은 이들을 위해 부식을 챙겨주고 집수리도 해주고 틀니도 맞춰준다. 대신 기사화하고 사진 찍는 것은 못하게 한다. 지방에 본사를 둔 기업은 피곤한 일이 많다. 제일 편한 건 서울에 본사가 있는 기업이다. 모든 기업들이 자기의 주 사업장을 본사로 하면 지역 균형 발전은 자동적으로 이뤄진다. 셀트리온은 지방에 본사가 있다 보니 어려운 점이 있지만, 많은 사람들이 이해를 해준다. 다른 회장들에게도 본사를 지방으로 옮기라고 말한다. 그래서 자기 동네 커버하라고.

부인*이 재단을 맡고 있는데.

복지재단 이사장이 와이프다. 애들에게 미안해서 어느 날 초등학교 교사를 그만둬야겠다고 하더라. 마침 복지재단을 만들 때여서 이사장을 맡으라고 했다. 뭐하는 곳이냐고 묻기에 좋은 일 하는 곳이라고 말해줬다. 직원들에게도 복지재단을 하는 건 복받기 위해서라고 말한다. 내가 다니는 교회의 담임목사님이 몇 년 뒤 은퇴한다. 명예목사 하면서 교회 월급은 받지 말라고 했다. 대신 우리 회사 복지재단의 일을 하면 월급을 주겠다고 했다. 그동안 입으로만 했으니 몸으로 뛰면서 남 돕는 일 실천하라고 말했다. 처녀귀신과 총각귀신이 천당에서 결혼하기 힘든 이유는 주례를 서줄 목사가 없어서라고 한다(웃음).

• 셀트리온복지재단의 박경옥 이사장은 서정진 회장의 부인이다.

PART
04

바이오시밀러 선구자

서정진은 바이오시밀러 사업에 뛰어든 지 10년 만인 2012년 자가면역질환 항체치료제 램시마를 개발하는 데 성공했다. 세계 최초 바이오시밀러의 등장이다. 싱가포르의 국부펀드인 테마섹홀딩스(Temasek Holdings), JP모건의 사모펀드인 원에쿼티파트너스(One Equity Partners) 등 글로벌 금융시장의 큰손들도 서정진에게 앞다퉈 투자한다. 테마섹이 서정진의 10년 된 낡은 구두를 보고 과감하게 투자를 결정한 비사는 정주영 현대그룹 창업주의 일화를 연상시킨다. 정주영은 양쪽 엄지발가락 자리에 구멍이 나 있는 구두를 징까지 박은 굽을 갈며 30년 넘게 신은 근검절약 정신으로 유명하다. 바이오시밀러 개발 행진은 유방암 치료제 허쥬마, 혈액암 치료제 트룩시마로 계속 이어졌다. 셀트리온은 세계 바이오산업의 대표 주자로 올라섰다. 하지만 서정진에게는 사업 초기부터 '사기꾼'이라는 의심의 꼬리표가 계속 따라다니고 있다. 공매도 세력에 대응하는 과정에서 시세조정 혐의로 검찰에 약식기소되며 곤욕을 치르기도 했다.

바이오시밀러 1호 램시마

한국 제약업계의 역사가 90년이나 됐지만 내수용 제너릭(합성의약품 복제약) 중심이다. 본격적인 바이오시밀러 업체로는 셀트리온이 처음이다.

셀트리온이 시작할 때는 바이오시밀러에 관해 제대로 된 인허가 가이드라인조차 없었다. 케미컬(합성의약품) 분야에서는 오리지널 약과 제너릭이 동일하다. 하지만 바이오는 그렇지 않다. 바이오 약은 살아 있는 세포를 배양해서 프로틴(단백질)을 뽑아내 만든다. (오리지널과 복제약인 바이오시밀러 간에는) 차이가 있을 수밖에 없다. 기존 제너릭에 관한 기준을 바이오시밀러에 그대로 적용하면 약품 허가가 나지 않는다. 우리나라가 2011년 가이드라인을 만들었는데, 문제는 해외였다. EMA(유럽의약품청)에 가서 바이오 오리지널 약도 산포(관측값의 퍼짐 정도)가 있으니, 바이오시밀러도 그 범위 안에서는 승인해야 한다고 주장했다. 미국 대학에서 반대 논문을 발표했다. 케미컬처럼 완벽히 똑같지 않은 약을 허가하면 안 된다는 것이었다. 미국에 가서도 공개 프레젠테이션을 했다.

반응은 어땠나?

처음에는 우리를 만나주지도 않았다. 선진국도 오리지널 약이 비싸서 사용을 못하지 않느냐, 바이오시밀러 약과 경쟁을 시켜서 가격을 내려야 한다고 설득했다. 실제 바이오시밀러가 나오자 고공 행진을 하던 바이오 오리지널 약값이 떨어졌다. 이제 전 세계에서 바이오산업을 말할 때 우리 회사와 한국을 모르는 나라는 없다.

셀트리온이 개발한 자가면역질환 치료제 램시마는 전 세계 바이오시밀러 1호다. 존슨앤드존슨(Johnson & Johnson)의 레미케이드(Remicade)의 복제약이라고 하던데 어떤 것인가?

류머티즘 치료제다. 전 세계 인구의 1%가 류머티즘 환자다. 환자 본인은 물론 가족도 힘들게 하는 무서운 병이다. 집안이 풍비박산 난다. 통증이 너무 심해서 진통제 없이는 밤에도 잠을 못 잔다. 램시마가 나오기 전에는 항암제를 썼다. 항암제는 전신에 약을 쓴다. 반면 램시마는 표적 치료제로 염증 부분만 막는다. 통증 완화와 함께 더 이상 악화가 안 되게 해준다. 램시마를 2번 주사하면 꼬인 팔이 돌아온다. 완치는 못 시켜도 회복과 유지를 시켜준다.

바이오시밀러가 나오면서 약값이 떨어졌다고 했는데?

처음에는 류머티즘 주사 한 방에 200만 원을 호가했다. 하지만 램시마는 10만 원 선이다. 우리 약이 출시되면서 약값 인하가 이뤄졌다. 유럽에서는 램시마 처방률이 45%에 달한다.

램시마 이후에 유방암 치료제 허쥬마, 혈액암 치료제 트룩시마가 계속 개발됐다. 셀트리온의 연구개발 역량을 어느 정도로 평가하나?

전 세계를 보더라도 뒤지지 않는다. 특히 연구 인력이 모두 한국인이다.

제약 분야의 특허 기간은 20년인가?

맞다. 그런데 제약 분야는 20년이 지나면 특허를 다시 연장해준다. 특허 제도에 문제가 많다.

서정진은 '사기꾼'인가?

스스로 사기꾼이라는 얘기를 듣는다고 말해서 솔직히 놀랐다. 이유가 무엇이라고 생각하나?

무슨 돈으로 사업을 하느냐는 의문이다. 우리는 국내 자본이 1원도 없다. 은행 대출은 모두 담보 조건이다. 1차로 투자한 게 KT&G다. 2차 투자는 엔젤투자를 하는 창업투자회사였다. 더 큰 자원은 송도신도시의 땅이었다. 평당 50만 원에 10년 분할상환 조건으로 샀는데, 경제특구로 지정되면서 땅값이 평당 200만 원으로 4배 뛰었다. 그래서 150억 원 주고 산 땅을 담보로 은행 대출이 800억 원이나 나온 것이다. 처음에 KT&G 200억, 엔젤투자 200억, 은행 대출 800억 등 모두 1200억 원으로 사업을 시작했다. 거기에 우리의 초기 자금을 보탰다. 벤처 하면서 그런 환경은 드물다.

이후 싱가포르의 국부펀드인 테마섹을 포함한 큰손들이 투자했는데.

2010년 테마섹과 원에쿼티파트너스가 각각 5000억 원씩 투자했다. 그리고 은행 대출 1조 원, 유통 파트너로부터 받은 선급금 8000억 원, 우리 이익금을 포함해 총 4조 원을 투자했다. 3조 원 이상 투자를 하니 국제 경쟁력이 생기더라. 인프라에서 남들에게 안 밀린다. 남들은 이해를 못한다. 그 큰돈을 어디서 구했냐며 의문을 제기한다. 돈을 그냥 줬겠느냐는 것이다. 물론 주식을 주고서 받은 것이다. 그래도 그것 말고 (다른 게) 있지 않겠느냐면서 믿지 않는다.

'낡은 구두'를 믿은 테마섹

테마섹이 셀트리온에 투자해서 얻은 수익이 엄청나다고 하는데?

처음에 5000억 원을 넣었는데, 10년 만에 5조 원어치의 주식을 갖고 있다.* 열 배로 늘어난 것이다. 더구나 일부 투자금은 이미 회수해갔다.

테마섹이 처음 투자할 때는 리스크도 있었을 텐데 어떻게 과감히 결정할 수 있었을까?

당시 테마섹 사람들이 서울 롯데호텔로 나를 불렀다. 한국 재벌 총수들에 대한 부정적인 이야기를 하면서, 왜 셀트리온에 투자해야 하느냐고 묻더라. 내가 10년째 신고 있던 낡은 구두를 보여줬다. 나는 명품 옷이나 시계가 없다고 했다. 나를 위해 일하지 않고 회사를 위해 일한다고 말했다. 고개를 끄덕이더라. 그 신발은 5년 정도 더 신은 뒤에 버렸다. 세계

---

* 테마섹의 100% 자회사인 아이온인베스트먼트(Ion Investments B.V.)는 2020년 10월 말 기준으로 셀트리온 지분 7.49%(1011만 주), 셀트리온헬스케어 지분 7.55%(1142만 주)를 보유하고 있다.

만국 공통어는 열정과 진심이다. 그것으로 무장하고 도전하면 업종 불문하고 성공할 수 있다. 특히 바이오는 우리나라에 잘 맞는 업종이다.*

정주영 현대그룹 창업주도 해진 구두를 신고 다닌 것으로 유명하다. 어떻게 구두를 그렇게 오래 신을 수 있나?

신발 밑창을 갈면 된다. 새 구두를 신으면 발뒤꿈치가 아프다. 뒤꿈치 아픈 거 좋아하는 사람이 어디 있나(웃음).

원에쿼티파트너스의 투자는 어떻게 이뤄졌나?

투자금이 입금되는 날 마지막 다중 전화회의를 했는데, 그날이 김정일 사망일(2011년 12월 17일)이었다. 왜 죽었느냐고 묻더라. 내가 어떻게 아느냐고 했다. 지정학적 리스크도 묻기에 모른다고 대답했다. 북한이 발사한 미사일이 어디로 가고 있느냐고도 물었다. 내가 미사일을 쐈나? 그런 걸 어떻게 아나. 그래서 (투자)하고 싶으면 하고, 하고 싶지 않으면 하지 말라고 했다. 10분 브레이크(휴식)를 가졌다. 부회장이 그 돈 안 들어오면 어떻게 하려고 그러냐고 울상을 짓기에, 내가 대책이 있으면 브레이크를 했겠냐고 말했다. 우리 부회장이 휴대전화를 던지면서 회장 맘대로 하라고 하더라. 그래서 그럼 네가 해보라고 했다. 하지만 개도 대책이 없어. 10분 뒤 브레이크가 끝나고 들어가니까 그쪽 첫마디가 입금했단다. 김정일이 죽었는데 왜 입금했느냐고 물었더니 원에쿼티파트너스 회장이 "JJ(서정진)는 한다면 한다. 여기서 더 질문하면 투자 안

• 대화 시점은 2019년 3월 중순이다.

받는다고 할지 모른다. 우리에게도 좋은 기회니까 그냥 입금하라"고 했다는 거야. 테마섹이나 원에쿼티파트너스는 투자하기 전에 다 컨설팅한다. 미리 우리 회사와 나에 대한 조사를 한다. 그 조사 리포트에 내가 '괜찮은 애'로 나온 거야. 내가 확실히 아는 것은 사업은 저 혼자 똑똑해서는 절대 성공 못하고 옆에 사람들이 있어야 한다는 것이다. 그 사람들이 믿어줘야 한다. 젊은이들에게 실력을 스스로 갖추라고 말한다. 또 학교에서 안 가르쳐주는 게 있는데, 좋은 사람이 되라는 거다. 그래야 복을 받을 수 있다. "네 친구가 올해 5명이라면 내년에는 7명으로 늘리고, 후년에는 10명으로 늘려라. 나를 좋아하는 사람이 많으면 많을수록 대성할 가능성이 있다." 이런 말을 해준다.

공매도* 세력과의 전쟁

공매도 세력 때문에 못 견디겠다며 주식을 모두 팔겠다고 발표한 적이 있다.** 실제 주식을 팔려는 생각이 있었나?

(넥슨 창업주인) 김정주가 (2019년 1월) 보유 주식을 팔겠다고 하니까 모두 주시했다.*** 과연 무사히 자금을 회수해서 이민 갈 수 있을까 하고. 나

- 주가가 하락할 것으로 예상되면, 해당 주식을 보유하고 있지 않은 상태에서 주식을 빌려 매도주문을 내는 투자 전략.
- •• 2013년 4월 기자회견에서 발표했다.
- ••• 국내 최대 게임회사 넥슨의 창업자인 김정주 NXC 대표가 2019년 1월 자신과 특수관계인이 보유한 넥슨 지주회사 NXC의 지분(96.64%)을 매각하기로 했다.

도 김정주의 심정을 이해한다.° 나도 똑같이 회사를 팔고 싶은 생각이 들었던 적이 있다. 실제 모 그룹에서 사고 싶다고도 했다. 팔았으면 현금으로 1조 원은 챙길 수 있었다. 당시로는 큰돈이었다. 그런데 잔돈을 깎더라고. 내가 튕겼더니 다시 안 오더라.

2014년 공매도 세력에 대응하기 위해 자사주를 사들였다가 시세조정 혐의로 약식기소됐고 벌금 3억 원을 냈다.

검찰 조사에 앞서 변호사들이 교육을 시키더라. (검찰 조사보다) 변호사 교육이 더 어려워. 막 암기해야 한다(웃음). 암기할 자신이 없어서 내가 알아서 대답하겠다고 하니까 변호사들이 절대 그렇게 하면 안 된다는 거야. 내가 고시 공부하는 것도 아니고, 기억나는 대로 답하면 되지 않느냐고 했다. 내가 해먹은 게 없는데, 기억이 안 나게 해먹었을 리는 없는 것 아니냐고. 그때 법무법인 세종이 사건을 맡았는데, 변호사들이 진짜 안 해먹었느냐고 묻더라. 그래서 진짜 안 해먹었다고 했더니 왜 안 해먹었느냐고 물어. 해먹을 틈이 없었다고 했다(웃음). 투자하기 바빠서.

실제 검찰 조사는 어땠나?

그동안 우리 회사를 지키려고 공매도 세력과 싸웠는데, 오늘은 내 직원들을 방어하러 왔다고 말했다. 수사관이 휴식 시간에 "폼은 나시는데, 검찰 무섭다. 그러다가 부하들 망가진다"고 겁을 주더라. 내가 "부하들

° 주식 매각 이유는 '넥슨 주식 사건'의 수사와 재판이 2년여간 지속된 것과 게임산업에 대한 곱지 않은 시선 및 규제 때문으로 알려졌다.

이 뭐라고 말했느냐"고 물었더니 "회장은 모른다"고 했대. 그런데 어느 기업이고 1억 원 이상 돈이 움직이는 데 회장이 모르는 일은 없다. 내가 "모든 자금을 다 맞춰봐라. 원래 목적 이상으로 사용된 돈은 없을 것이다"라고 했다. 검찰이 그래도 유죄라고 해. 과잉 정당방위라나. 결국 약식기소로 끝냈다. 조사를 2년 동안 받았다. 검찰이 우리가 자금 집행한 대로 다 맞춰봤나 봐. 내가 수사관한테 "복잡하게 기업 조사 할 것 없다. 해먹은 것 있냐고 물어보라"고 했다. 해먹은 것은 다 기억나니까(웃음). 물어보면 해먹었는지 아닌지 표정으로 읽을 수 있지 않느냐, 그 정도는 수사관이 훈련됐을 것 아니냐고 했다. 그러니까 수사관이 "우리는 다 해먹었을 것이라고 생각해서 (기업들을) 부르는데, 모두 안 해먹었다, 기억 안 난다고 말한다. 우리가 물어보는데 대답한 것은 서 회장이 처음이다"고 하더라. 내가 조사를 직접 받아보고 느낀 건데 변호사가 써준 예상 질문지로 미리 공부할 수 있는 회장은 거의 없을 것이다. 내가 만난 회장 중에 그 정도로 암기력 좋은 사람은 보지 못했거든(웃음). 숫자가 많은데 어떻게 다 외우나. 수사관이 "이 생활 오래 했는데 서 회장 때문에 신선한 충격을 받았다"고 하더라. 조사에 배석하는 변호사와 볼펜을 딸깍하고 누르면 얘기하지 않기로 사전에 약속했는데, 변호사가 계속 딸깍 딸깍거리는 거야. 그래서 내가 그만 누르라고 했다(웃음).

공매도 세력의 진짜 정체는 무엇인가?

우리나라는 장기투자 자금이 얼마 없다. 공매도 세력에는 헤지펀드, 투기 자금, 외국 자금도 있고 한국 자금도 있다. 공매도 문제점을 가장 많이 지적한 사람이 나다. 하지만 (정부 정책에) 하나도 반영되지 않았다.

소액주주와 공매도 세력이 싸우면 소액주주가 진다. 국가가 국민을 지켜줘야 하는데 이 부분은 정말 안 바뀌더라.

소액주주 손실 1500만 원을 메워주다

주총 때마다 주주들과 직접 대화하는 것으로 알려져 있다. 귀찮을 수도 있는데 굳이 그렇게 하는 이유가 있나?*

보통 주총은 15분 정도로 끝내고 주주들과 대화 시간을 갖는다. 주주들이 5000명 정도 온다. 주총 안건에는 관심이 없고 나에게 질문하려고 오는 것이다. 기관투자자들은 회사 정보를 얻어 간다. 하지만 개인투자자에게는 정보를 줄 기회가 없다. 그런 식이면 불공평한 게임이 될 수 있다. 질의응답을 통해 기관투자자에게 준 정보를 개인투자자에게도 주려는 것이다. 주총은 소액주주들을 위해 하는 것이다. 주주들이 그것을 모두 생중계한다. 사장단들은 아슬아슬한 얘기는 하지 말라고 당부한다.

그래서 그런지 주주들의 서 회장에 대한 지지가 절대적이라는 소문이다. 팬덤이 아이돌에 버금갈 정도로 열광적이라고 하던데.

공매도 세력과 싸울 때** 한 주주가 편지를 보내왔다. 목욕탕에서 때 미

● 대화 시점은 2019년 3월 주총 시즌이었다.
●● 서정진 회장은 2013년 4월 기자회견에서 "지난 2년간 거래일 432일 중 412일 동안 공매도가 진행됐다"고 발표했다.

는 일을 하는데, 1500만 원으로 셀트리온 주식을 샀다가 깡통이 됐다는 거야. 그 돈이 딸의 결혼자금이었고 더는 살 낙이 없어졌다고 하더라. 그 말 중 마지막 부분에 느낌이 이상했다. 내가 책임질 일은 아니지만 살아야 할 이유가 없어졌다는 게 마음에 걸렸다. 바로 그 양반을 찾아갔다. 미안하다고 하고 내 돈으로 1500만 원을 줬다. 그 사람이 "뀌주는 것으로 해달라, 나중에 갚겠다"고 하더라. 그러라고 했다. 그리고 절대 희망을 버리지 말라고 당부했다. 그 일이 소액주주들에 대해 다시 생각하게 된 계기가 됐다. 소액주주들이 나하고 상의하고 투자한 것은 아니지만 (투자금이) 삶의 전부 또는 전 재산일 수도 있겠다는 생각이 들었다. 정부가 (공매도 세력으로부터 주주들을) 보호하지 못하면 기업이 해야 한다. 가장 잘 보호할 수 있는 방법은 정확한 정보를 주고 선수들(공매도 세력)과 싸워서 잃지 않게 하는 것이다. 공매도 세력과 전쟁하면서 지독하게 고생했다. 언론사 IR(투자 설명회)에서 "공매도 세력과 싸울 때 어떻게 이기느냐"는 질문이 나왔다. 그래서 싸우지 말라고 했다. 걔들도 오래 있다 보니 우리 장기투자자와 거의 같아졌다고 했다. 투자자들이 내가 변질됐다고 하더라(웃음).

주가가 실적에 앞서가면 위험하다

기업이 소액주주들을 보호한다는 게 말은 쉽지만 간단한 일이 아닐 것 같은데.
직원들에게 항상 얘기한다. 주가가 실적에 앞서가면 안 된다고. 그래야 선의의 피해자가 안 생긴다.

우리 주주들도 주가가 실적에 앞서가야 한다고 말한다. 하지만 그러면 위험하다. 선의의 피해자가 나올 수 있다. 선반영 되면 다시 제자리로 돌아간다. 그사이에 사연이 있는 사람이 생길 수 있다. 회사가 완벽히 할 수는 없더라도 선의의 피해자가 나오지 않도록 노력해야 한다. 대주주가 자기 주식을 팔지 않는다는 전제 아래 회사가 노력하면 좋다. 모든 것은 시장에서 결정한다. 자신 있게 말할 수 있는 것은 셀트리온은 작년보다는 올해가 낫고 올해보다는 내년이 나을 거라는 점이다. 계속 견인해나갈 것이다. 단기 주가에 대해서는 나도 말을 못한다. 하지만 중장기적으로는 투자가치가 있을 것이라고 얘기할 수 있다.

투자자들이 봐야 하는 것은 회사가 해마다 계속 성장할 수 있느냐다. 이 점을 판단할 수 있는 몇 가지 포인트가 있다. 기술력에서 세계 정상에 있나, 파이프라인(제품 라인업)이 세계와 경쟁할 수 있나 그것을 소화할 시스템을 갖추고 있나, 자력으로 해결할 수 있는 현금은 있나, 그리고 지금 시장 평판이 어떠냐다. 우리는 기술 라이선스를 쓰는 게 하나도 없다. 그만큼 기술 자립이 돼 있고 외국인 연구 인력도 거의 없다. 현지 채용 인력들은 다 판매 유통 라인에 있다. 또 우리 제품은 2030년까지 파이프라인 25개를 갖고 있다. 250조 안티바디(antibody, 항체치료제) 시장을 다 커버하는 제품이다. 그중 18개가 바이오시밀러를 커버한다. 현재와 미래의 파이프라인이 다 있다. 전 세계에서 임상 디자인을 하고, 허가받는 것을 우리 자력으로 한다. 특허 문제도 자력으로 해결한다. 전 세계에서 특허 승소율이 무척 높다. 케파(capacity, 생산능력)도 중장기적으로 투자하고 있다. 그래서 자신 있다고 말하는 것이다.

PART
05

글로벌
바이오 기업으로 도약

서정진은 셀트리온을 전 세계 90~100개국과 거래하는 글로벌 바이오 제약업체로 키웠다. 셀트리온은 전체 매출의 98%가 수출이다. 2030년에 매출 30조 원, 세계 항체치료제 시장점유율 15% 달성이라는 야심찬 목표도 세웠다. 이를 위해 2019년부터 전 세계 직접판매 체제 구축에도 나섰다. 주주들이 원하면 바이오시밀러를 개발하는 셀트리온, 판매유통회사인 셀트리온헬스케어, 케미컬(합성의약품)을 개발하는 셀트리온제약 등 셀트리온 3총사를 하나의 회사로 합병해 논란의 소지를 없애기로 했다. 서정진은 금감원이 3년째 분식회계 혐의로 조사 중인 것에 대해 터무니없다며 억울해한다. 일제 강점기 민족 영웅을 그린 영화 〈자전차왕 엄복동〉이 흥행에서 참패한 뒤 비난이 쏟아지자 사재를 털어 80억 원의 손실을 변상하기도 했다.

2030년 매출 목표 30조

셀트리온 매출의 98%가 수출인데?

90~100개국 정도와 거래한다. 인도·시리아 같은 교전 국가, 중부 아프리카 국가를 빼고는 다 판다고 보면 된다. 다만 러시아는 열심히 팔지 않는다. '언더 테이블(뇌물)' 없이는 사업이 안 된다. 리스크가 너무 크다.

인도는 인구가 많아서 시장이 클 것 같은데.

인도 정부에 허가 서류를 넣으면 다음 날 밖으로 다 돌아다닌다. 기술 보안이 안 된다. 그래서 아예 허가 서류를 안 넣는다.

셀트리온의 2020년 3분기 매출이 5488억 원, 영업이익이 2453억 원을 기록했다. 각각 전년 동기 대비 90%, 138% 급증하며 분기 사상 최대 실적을 냈다. 혹시 코로나 덕을 본 것인가?

코로나 영향은 없다. 기존 바이오 제품의 매출과 이익이 늘어난 것이다. 연간 전체 영업이익은 5000억 원에 달할 것이다. 모든 계열사의 실적이 100% 신장할 거고, 향후 실적은 더욱 좋을 것이다. 전 세계 제약 회사 30만 개 가운데 셀트리온의 영업이익이 현재 35위다. 내년에는 상장 3사(셀트리온·헬스케어·제약) 영업이익 합계가 2조 원으로 20위에 올라서

고, 2025년에는 7조 원으로 10위권에 도약하는 게 목표다.

이익이 많이 나려면 먼저 매출이 커져야 할 텐데.

케미컬(합성의약품)은 매출이 크다. 셀트리온의 수출 목표가 2019년 1조 9000억 원, 2020년 4조 5000억 원이다. 2018년까지는 1조 원이었는데 2019년부터 점프를 했다. 2023년은 매출 10조 원, 2030년은 30조 원이 목표다. 이익률은 40~45% 정도 될 것이다. 지금의 파이프라인을 유지 하면서 전 세계 직판 체제를 구축하기 때문이다.

2019년 1월 미국에서 열린 JP모건 헬스케어 콘퍼런스에서 2020년 최대 45억 달러(약 5조 원) 규모의 공급능력을 갖추겠다고 발표했는데.

그렇게 준비할 것이다. 케파를 그 정도에 맞추려고 한다. 제품과 시장 을 가지고 우리가 포케스팅(forecasting, 예측)하는 거다. 내가 은퇴할 때 매 출을 4~5조는 일으켜놓고 가야겠다는 생각이다. 후배들에게는 2023 년까지 매출 10조를 향해 도전하라고 한다. 2030년까지는 전체 안티바 디(항체) 치료제 시장에서 우리 회사 점유율이 최소 15% 이상은 되어야 하지 않겠나. 삼성바이오로직스가 우리만큼 하면 한국 전체로 30%를 가져오는 거잖아. 그러면 바이오 헬스케어 산업이 한국의 중요한 받침 돌이 되는 거다. 이만한 규모의 기업이 되니까 우리 회사와 한국이 전 체 산업에서 차지하는 비중이 얼마는 돼야겠다는 생각을 당연히 하게 되더라.

전체 제약 시장은 1500조 규모다. 우리나라는 10조에 불과하다. 그중에서 1000조는 케미컬 약이다. 500조가 바이오 약인데, 그중 가장 어려운 게 셀트리온이 하는 안티바디 치료제 분야다. 그 시장이 250조쯤 된다.

이제 전 세계에서 많은 사람들이 알아주는 회사가 됐다. 미국 로스앤젤레스는 할리우드 때문에 먹고사는 사람이 20% 정도 된다고 한다. 산업 하나가 뿌리를 내리는 게 중요하다. 있는 산업을 키우고 새로운 산업을 투입해야 국민들이 고민을 안 하고 살 수 있다. 바이오산업에서 우리가 이 정도 이정표를 향해 투자를 하면, 우리나라의 어드레스(address, 주소)가 이 정도는 되겠다는 생각을 한다.

1년 중 200일 이상 해외 출장

다른 그룹 회장들이 주로 사무실에서 일하다가 가끔 출장을 가는데, 서 회장은 국내는 물론 전 세계 영업현장을 직접 뛰어다닌다고 하더라.

우리나라에서 약을 팔려면 서울대·연세대·현대아산·삼성 등 4대 병원에는 들어가야 한다. 빨리 약을 팔려고 내가 직접 영업을 하다 보니 병원까지 나간 것이다. 효과가 좋아서 한 번 더 나가니까 (셀트리온은 서 회장이 직접 병원 영업까지 한다는) 소문이 업계에 쫙 퍼진 거야. 그다음부터는 내가 안 가면 자기를 무시한다고 해. 잘못하면 약을 못 팔게 생겼어.

할 수 없이 계속 다니게 된 거지(웃음). 사실 이제는 (직접) 가도 고맙다는 말을 안 한다. 하지만 회장이 직접 뛰면 의사결정이 빨라지고 사업이 성공할 확률이 높아지지 않나.

해외 출장도 잦다고 하는데.

100개 가까운 국가에 수출을 하려면 1년 365일 중에 200일 이상은 (해외에) 나가야 한다. 폼은 나게 됐는데 이제는 끊을 수가 없다. (힘들어) 죽겠다(웃음). 얼떨결에 벌어진 일이고 할 수 없이 하는 것이다. 장사를 하면서 저 사람과 꼭 거래를 해야겠다고 생각하면 악착같이 달려든다.

무슨 비법이 있나?

상대가 꺾일 때까지 만나는 것이다. 외국인은 퇴근 시간이 거의 일정하다. 집 앞에서 기다리면 반드시 온다. 먼저 인사를 하고 너 만나러 왔다고 하면 외면을 안 한다. 우리 약을 안 쓰는 이유가 뭐냐, 우리 회사가 싫으냐, 아니면 우리 약이 싫으냐, 그것도 아니면 내가 싫으냐고 묻는다. 내가 싫으면 나를 이해할 때까지 만나고, 우리 회사가 싫으면 직접 와서 보라고 하고, 우리 약이 싫으면 과학적으로 얘기하자고 하면 된다. 그 정도 하면 대개 그 이유를 알려주고 이런저런 자료가 필요하다고 요청한다. 그럼 바로 다음 날 자료를 갖다 준다. 상대방은 벌써 가져 왔느냐고 놀라지. 내가 저녁에 만나서 (자료를 가지고) 얘기하자고 하면, 검토할 시간이 필요하다고 당황해한다. 이렇게 몇 번 하면 업계에 소문이 난다. 서정진이 집 앞에서 기다리기 전에 빨리 끝내자고(웃음).

기자들이 취재원 집 앞에서 '뻗치기'를 하는 방법과 똑같다. 코로나 사태로 수출에 어려움을 겪는 중인데, 제약 분야는 어떤가?

기존 약은 수출이 많이 줄었다. 환자가 병원을 못 가니까. 그러나 우리 제품은 필수여서 코로나 영향이 적다. 안 맞으면 죽으니까.

전 세계 직판 체제 구축

2019년까지 전 세계 직접판매 체제를 구축한다고 선언했다.*

캐나다는 2020년까지, 미국은 2022년 후반기까지 구축하고, 나머지는 2019년까지 끝내기로 했다. 셀트리온헬스케어의 해외 주재원이 60개국에 80명 정도인데 100명으로 늘린다. 현지 채용 직원은 3000~5000명 정도 고용할 것으로 예상한다.

전 세계 직판 체제 구축은 어떤 의미가 있나?

다국적 제약 회사를 판단하는 몇 가지 기준이 있다. 우선 기술 독립을 했는가, 미래 파이프라인은 몇 년 것까지 갖고 있는가, 임상과 디자인 허가를 월드와이드로 스스로 하느냐, 충분한 케파를 갖고 있냐, 판매 네트워크를 갖고 있느냐다. 우리는 이전에 화이자 같은 유통 파트너를 이용했는데 2018년부터 직판 체제로 바꾸고 있다. 다 구축하면 글로벌 제약 회사가 된다. 처음 사업을 시작할 때는 기술 확보하느라 정신

• 대화 시점은 2019년 2월과 3월 두 차례다.

이 없어서 유통까지는 엄두를 못 냈다. 어쩔 수 없이 유통 파트너 회사를 통해 약을 판매했는데 가만히 보니 중간에서 너무 많이 먹는 거야. 유통 수수료율이 높으면 50%, 낮아도 45%다. 그래도 직판 라인 구축은 너무 엄청난 일이라 제약 회사들이 감히 엄두를 못 낸다. 나도 처음에는 그랬다. 하지만 막상 들어가 보니 겁낼 필요가 없더라고. 이미 화이자를 빼고는 다 백기 들었다. 화이자도 협의 중이다.

서 회장이 직판 체제 구축을 직접 챙긴다고 들었다.

직접 필드에서 뛰다 보니 각 나라 특성을 파악했을 거 아니냐. 미국은 이렇게 하면 되고 영국·독일은 저렇게 하면 된다고. 나라별로 우리 직원하고 언더스탠딩(understanding, 이해)이 같으니까, 내가 직접 할 수 있다. 예를 들어 네덜란드는 인구가 900만 명이다. 약을 파는 데 15명이면 충분하다. 네덜란드에서 약을 제일 잘 파는 사람 15명의 명단을 내가 안다. 걔네들만 스카우트하면 된다.

중간 유통마진이 줄어들면 회사의 수익성이 획기적으로 높아지겠네.

유통비용을 15~25%까지 낮출 수 있다. 국가 상대로는 10%도 가능하다. 당연히 이익률이 올라간다. 그 부가가치를 경쟁력으로 사용하면 된다.

셀트리온뿐만 아니라 국내 제약사들의 해외 진출을 돕는 네트워크 역할도 할수 있다고 밝혔는데?

한국 기업이 전 세계 직판 라인을 갖고 있다는 것은 국내 제약사들이 해외로 나가는 고속도로를 놓는 것과 다름없다. 우리 제품뿐 아니라 다른 한국 기업도 전 세계로 나갈 수 있는 라인이 생기는 거니까. 한국에 엄청나게 큰 자산이다. 다른 외국 제약 회사도 마찬가지다. 화이자가 유통 수수료율이 50%인데, 셀트리온이 25%만 받으면 나에게 맡길 것 아니냐.

세계 1위 제약 회사인 화이자를 따라갈 수 있다고 여러 차례 강조했는데.*

셀트리온의 일본 인력이 100명이 안 되는데 화이자는 2500명이다. 인수합병으로 성장한 회사여서 인력 조정을 못한다. 이것도 우리의 경쟁력이다. 일본 현지 채용 직원들이 목표를 초과하면 연봉의 50%까지 인센티브를 준다. 우리에게 도전과 열정이 있으면 화이자를 따라갈 수 있다. 정부와 사회가 그런 도전을 할 수 있는 환경을 조성해야 한다.

직판 체제는 셀트리온헬스케어에서 주도하는 건가?

그렇다. 판매 전문 회사니까 우리 제품만이 아니라 다른 제품을 팔 수도 있다.

주주가 원한다면 셀트리온 3사 합병

셀트리온이 개발한 제품을 셀트리온헬스케어가 구매해 해외에 재판매하는 거래

• 미국계 회사 화이자는 2013년까지 매출 기준 글로벌 1위 기업으로 유명세를 떨쳤지만 2014년을 고비로 스위스계 다국적 제약사인 로슈에 자리를 내주었다. 2019년 기준 로슈의 처방약 매출은 482억 달러로 1위, 화이자는 436억 달러로 3위를 기록했다.

구조 때문에 일감 몰아주기와 분식회계 의혹이 제기되는 빌미가 되고 있는데?

처음 바이오시밀러를 시작할 당시에는 모든 것을 셀트리온 혼자서 할 수 있는 길이 없었다. 셀트리온과 셀트리온헬스케어를 나누는 방법이 유일했다. 내가 "이 제품 개발에 성공할 확률이 크다. 판매권을 줄 테니, 개발비의 리스크를 쉐어링 해달라"고 한 것이 헬스케어를 만든 계기다. 셀트리온의 개발비 중에서 자체 자금으로 투자한 게 60~70% 되고, 30~40%는 헬스케어에서 리스크 쉐어링을 해준 것이다. 제품을 개발하는 과정에서 검증이라는 절차를 거치려면 물건(약)을 미리 만들어야 한다. 허가를 못 받으면 (미리 만든 약을) 못 쓰게 된다. 허가를 받으면 팔 수 있으니까 헬스케어가 그걸 미리 사주는 거다. 자기가 갖고 있다가 팔면 되니까. 그때 내가 만든 비즈니스 모형이 그것이었다. 어느 회사 방식도 아니었다. 내가 전 세계를 돌며 헬스케어를 통해서 셀트리온의 리스크를 쉐어링 해줄 파트너를 찾았다. 아무도 나를 거들떠보지 않더라. 하지만 지금은 우리가 헬스케어에 투자할 걸 그랬다고 생각할 거다. 그렇게 됐으면 나도 일이 쉬워졌을 것이다. 2010년에 (싱가포르 국부펀드인) 테마섹이 셀트리온과 헬스케어에 같이 투자해줬다. JP모건의 사모펀드인 원에쿼티파트너스도 인정해줬다. 그래서 헬스케어 투자가 들어간 것이다.

당시 최대주주가 서 회장이었고, 두 번째가 KT&G였는데.

KT&G에도 권유했지만 못하겠다고 했다. 그때 KT&G가 동의해줬으면 지금 헬스케어 주식을 갖고 있겠지. 하지만 KT&G는 저게 되겠느냐고 생각했다. 바이오시밀러 시대가 과연 올까 한 거지.

KT&G는 갖고 있던 셀트리온 주식도 2010년 매각했다.*

3000억 원 정도 벌었을 것이다. 하지만 헬스케어에 참여했다면 더 큰 이익을 얻었겠지.

셀트리온, 셀트리온헬스케어, 셀트리온제약 등 3개사를 하나로 합병하겠다고 밝혔다.**

주주들이 원하면 언제든 합치겠다는 것이다.*** 합병하는 순간 나는 1조 원의 세금을 내야 한다. 헬스케어 주식에 양도소득세가 부과된다. 하지만 세금과 관계없이 추진하라고 했다. 해마다 국세청이 '일감 몰아주기'를 이유로 130억 원의 증여세를 물리고 있다. 합병을 안 해서 계속 증여세를 내는 것과, 합병을 해서 한꺼번에 1조 양도세를 내는 것 중에서 어떤 게 더 나은가? 원래 증여세는 기존 재벌들의 일감 몰아주기 관행을 바로 잡으려고 만든 것이다. 그런데 정작 내가 그동안 500억 원을 냈다. 국회의원에게 그 얘기를 했더니 왜 내느냐고 묻더라. 그래서 "너희들이 법을 그렇게 만들었잖아"라고 답했다. 홍종학 전 중소기업부 장관(제물포고 동창)이 "내가 만든 법에 네가 맞았느냐"고 하더라.

- KT&G는 2010년 셀트리온 주식 12.2%를 모두 처분했다.
- •• 서정진 회장은 2020년 1월 15일(현지 시간) 미국 샌프란시스코에서 열린 JP모건 헬스케어 콘퍼런스에서 2021년 주주들이 원한다면 세 회사를 하나로 합치는 합병 프로세스를 만들려고 한다고 밝혔다. 이어 2020년 9월 25일 세 회사의 합병 계획을 공식 발표했다.
- ••• 셀트리온은 3사 합병 준비 단계로 2020년 10월 서정진 회장이 보유한 셀트리온헬스케어 주식의 일부를 현물 출자해 셀트리온헬스케어홀딩스를 설립했다. 이어 2021년 말까지 셀트리온홀딩스와 셀트리온헬스케어홀딩스를 합병해 지주회사 체제를 확립하기로 했다.

그동안 증여세는 어떻게 감당했나?

할 수 없이 대출받아서 낸다. 얼마 전에 신한은행에 말하니까 번 돈으로 내라고 하더라. 내 연봉(세전 기준으로 14억 원가량)을 얘기했더니 은행 부행장보다 적다는 거야. 내 연봉은 직원들에게 모두 오픈돼 있다. 사실 돈 더 가져가봐야 쓸 데도 없다. 아는 회장과 부부 동반으로 밥을 먹는데, 그 사람이 모두 쓰고 죽자는 거야. 그래서 내가 "본처가 건강하면 못 쓴다. 본처 건강한데 돈 쓰려고 하면 대가리만 아프다"고 했다. 그 회장 부인이 "무슨 그런 얘길 하느냐"고 해서 "사실이지 않나. 돈 쓸 데가 없는데 어디다 쓰고 죽겠느냐. 쓰고 죽을 생각하지 말고 그냥 하던 일 계속하는 게 낫다"고 말했다.

〈자전차왕 엄복동〉 손실 80억 사재로 갚다

셀트리온엔터테인먼트가 만든 〈자전차왕 엄복동〉이 흥행에서 참패했다.•

열심히 만들었는데 결손액이 80억 원 났다. 영화 시나리오를 이범수 대표가 가져왔는데, 당시 (자전차 대회가 열린) 서울 용산에 10만 명이 모였다는 거야. (일제 치하 백성들에게) 큰 위안이 되었던 것 같다. 그래서 해보라고 했다. 순수한 뜻으로 만들었다. 우리 식구들은 모두 두 번씩 봤다

• 대화 시점은 2019년 3월과 10월이다. 〈자전차왕 엄복동〉은 셀트리온엔터테인먼트가 2019년 2월 개봉한 영화로, 엄복동이 일제강점기 자전차 대회에서 일본 선수들을 제치고 조선인 최초로 우승을 차지해 민족 영웅으로 떠오른 이야기를 담았다.

(웃음). 영화는 국민을 재교육하는 기능이 있다. 우리나라 국민이 한일 합방부터 1945년 해방 때까지 암울한 시기에 특별히 기억하는 이벤트가 많지 않다. 그건 우리가 멍청한 민족이라는 이야기잖아. 하지만 그냥 가만히 있다 해방된 게 아니다. 맥아더가 친미인 이승만에게 정부를 만들도록 했다. 이승만은 김구 선생이 돌아오기 전에 급히 정부를 만들었다. 그때 반성문 쓰고 새 정부에 헌신하는 조건으로 친일파들을 받아들인 데서 우리 역사가 잘못되기 시작했다. 이들이 자신의 족적을 지우려고 독립투사 후손들을 빨갱이로 몰아서 죽이는 사건들이 무수히 일어났다. 요즘 그게 다 뒤집히고 있지 않나. 우리 민족이 멍청하게 가만히 있지 않았다는 것을 보여주기 위해 영화를 만들었다.

돈을 많이 들였는데 영화는 왜 실패했나?

영화를 만들려면 유가족하고 미리 만나서 "연애하는 내용도 있으니 이해해달라"고 얘기했어야 하는데 안 했다(웃음). 또 대형 배급사들은 우리가 영화계에 들어오는 것을 좋아하지 않는다. 상영관을 많이 주지 않았다. 일부 준 것도 사람들이 잘 들지 않는 시간대만 줬다. 한 배급사 회장을 만났을 때 "신세 졌다"고 했다. 무슨 신세를 졌냐면서 필요하면 언제든 얘기하라고 하더라. 무슨 얘기인지 그 회장은 전혀 모르시더라고.

회사 손실을 전부 개인 돈으로 변상했는데.●

최대주주가 책임지는 게 맞다. 김앤장이 사상 처음 있는 일이라고 하

● 변상 시점은 2019년 3월 10일이다.

더라. (국세청이) 증여로 인식할 수도 있다고 해서 증여세까지 내라고 했다. 어차피 일감 몰아주기를 했다고 매년 100억 원씩 증여세로 빼앗아 가는데(웃음).

엔터테인먼트 사업은 어떻게 시작하게 됐나?

〈매일경제〉 장대환 회장이 드라마 회사를 함께하자고 했다. 우리가 지분 80%를 넣고 매경이 20%를 넣었다. 그런데 매경이 사정상 지분을 매각하겠다고 해서 우리가 혼자 다하게 됐다. 내가 팔자에 없는 연속극을 만들게 된 거지. 2013년 〈왕가네 식구들〉도 거기서 만든 것이다. 6개월간 시청률이 50%까지 나왔다. 남들은 왜 하느냐고 묻는데 그런 사정을 일일이 말할 수도 없고(웃음). 이왕 할 거면 제대로 하자고 생각했다.

PART
06

코로나,
위기가 곧 기회

"위기 속에 기회가 있다"는 격언은 서정진에게 딱 어울리는 말이다. 코로나19 사태로 인해 우리나라를 포함해 전 세계가 위기를 맞았지만, 서정진은 발 빠른 항체치료제 개발로 뜨거운 관심을 한 몸에 받고 있다. 서정진은 코로나19 치료제 개발이 순조로워 2021년 1월 말이나 2월 초에는 치료제(렉키로나주)의 국내 시판이 가능하다고 자신감을 보였다. 치료제 개발은 공익사업이라는 게 서정진의 생각이다. 그래서 국내는 원가(개발비 포함) 수준에서 싸게 공급하고 해외에는 경쟁업체보다 저렴한 가격에 공급할 계획이다. 서정진은 코로나19 사태 이후에는 자택에서 재택근무를 한다. 위기 초기 서너 달 동안은 전 세계시장과 판매 상황을 일일이 점검하느라 하루 2시간밖에 눈을 붙이지 못해 부족한 수면을 쪽잠으로 채웠다.

2021년 봄에는 코로나 청정국°

셀트리온이 개발 중인 코로나 항체치료제(CT-P59)에 대한 관심이 크다. 정부도 빠른 개발을 위해 노력 중인데, 식품의약품안전처에 긴급사용승인을 신청하는 게 언제쯤 가능한가?

요즘 내가 공무원이 다 됐다. 정부와 매일 같이 협의하느라고 정신이 없다(웃음). 임상 2상시험이 11월 24일쯤 끝났는데 최종 시험 데이터가 나오려면 한 달 남짓 걸린다. 그 결과가 나오는 대로 12월 말에 식약처 신청이 가능할 것이다.°°

임상시험에서 확인된 치료제의 효능과 안전성은?

임상 데이터로 보면 초기 환자에 큰 효과가 있는 것으로 나타났다. 루마니아에서 시행한 임상 2상시험에서 환자가 치료제를 주사한 지 4~5일

- 이 파트의 대화는 2020년 11월 20일 이뤄졌다. 코로나19 치료제 개발 상황이 빠르게 변하고 있고, 이 책이 나올 시점에는 치료제 승인 신청과 치료제 시판이 이미 이뤄졌을 가능성도 높아 아예 파트 전체를 빼는 방법도 생각했다. 하지만 치료제 개발과 승인 신청, 시판 계획, 가격 책정, 북한에 대한 무상 지원 등에 대한 발언은 이후 서정진 회장과 셀트리온의 행보와 관련해 중요한 자료 가치가 있을 것 같아 포함하기로 했다.
- •• 셀트리온은 2020년 12월 말 코로나19 항체치료제의 긴급사용승인을 식약처에 신청해 심사가 진행 중이다. 2021년 1월 13일에는 치료제의 임상 2상 결과를 공개했다.

만에 바이러스가 모두 소멸하여 수일 내 퇴원할 정도로 효능이 좋다. 중증 환자나 장기손상 환자가 발생할 가능성이 없다는 뜻이다. 안전성 문제도 없다. 현지 의사들이 자신들에게 주사를 놓아도 되겠다고 말할 정도다. 외국 제약 회사들은 용역회사에 임상을 맡기는데, 우리는 직원들이 유럽에 나가서 직접 오딧(검사)을 진행한다.

식약처의 승인을 받아 치료제가 실제 시판되는 시점은 언제로 예상하나? 미국 식품의약국(FDA)은 치료제 승인에 한 달 정도가 걸렸다고 하는데.

정부의 연내 개발 목표를 달성하기 위해 노력하고 있다. 2021년 초에는 치료제를 시장에 선보일 수 있을 것이다. 치료제 생산을 이미 시작했기 때문에 식약처의 승인만 나면 바로 출시할 수 있다. 치료제가 나오면 국민이 코로나에 대한 불안감을 내려놓을 수 있을 것이다. 내가 모두 치료할 것이다. 내년 봄에는 한국 국민이 마스크 없이 일상생활을 할 수 있는 '코로나 청정국'이 될 것이라는 기대를 갖고 있다.

우리나라에 필요한 치료제는 10만 명분이면 충분하다는 말을 했다. 3차 대유행 이후 하루 신규 확진자가 계속 늘고 있는데 괜찮을까?

환자 발생 상황만 놓고 보면 1만 5000명분 정도로도 문제없지만 여유 있게 잡은 것이다. 셀트리온이 2020년 말까지 10만 명분을 목표로 생산에 돌입했기 때문에 우리 국민은 걱정하지 않아도 된다.

셀트리온은 치료제를 개발 중인데, 화이자와 모더나 등 외국업체의 백신 개발도 속도를 내고 있다. 코로나 종식에 있어 치료제와 백신의 역할에는 어떤 차 코로나 감염이 발생하면 먼저 진단을 해서 환자를 가려내야 한다. 그다음은 환자를 치료해야 하고, 최종적으로 전 국민의 예방을 위한 백신이 필요하다. 코로나 퇴치를 위해서는 먼저 치료제가 필요하고 백신이 뒤따라와야 한다. '선 치료제, 후 백신'인 셈이다. 중증 환자의 경우 바이러스가 2주 정도 번식하다가 소멸한다. 바이러스가 없으면 항바이러스제를 사용해도 소용이 없다. 환자의 장기 손상을 막으려면 초기 진단과 치료를 통해 중증 환자가 되지 않도록 하는 게 중요하다.

세계의 치료제 및 백신 개발 현황과 그 전망은?

치료제는 한국의 셀트리온 외에 미국의 일라이 릴리(Eli Lilly)와 리제네론 파마슈티컬스(Regeneron Pharmaceuticals), 유럽의 글락소 스미스클라인(Glaxo Smith Kline)과 아스트라제네카(Astrazeneca) 등 모두 5곳에서 개발 중이다. 백신은 전 세계 100여 곳에서 개발 중인데, 최종적으로 2021년 중반기까지는 미국·유럽·중국을 포함해 최소 10곳 정도는 성공할 것이다.

백신과 치료제 물량을 사전에 확보하기 위해 각국의 경쟁이 치열하다. 한국의 경우 치료제는 셀트리온이 생산한다고 해도, 백신을 충분히 확보할 수 있을지 걱정하는 국민들이 적지 않다.

당장 필요한 것은 치료제인데 셀트리온이 충분한 양을 공급할 것이다. 백신은 외국에서 도입해야 하지만 치료제와 달리 전 세계 생산량이 충분할 것이기 때문에 걱정하지 않아도 된다(대표적인 해외 백신 개발업체 10곳의 예상 연간 생산량은 40억 명분에 달한다). 도입 시기가 문제이긴 하지만 돈만 있으면 살 수 있다. 셀트리온도 마음만 먹으면 백신 생산이 가능하다. 이미 외국업체와 협의 중이다.

문재인 대통령이 주요 20개국(G20) 정상회의°에서 '공평한 보급'을 강조했다. 치료제는 전 세계적으로 볼 때 충분한가?

부족할 것이다. 셀트리온의 치료제 생산량이 연간 150만에서 200만 명분이다. 미국 업체 2곳을 합해도 연간 400만에서 500만 명분에 불과하다. 앞으로 각국이 자국민을 보호할 수 있을 정도로 치료제를 보유했는지가 외교적으로 매우 중요한 사안이 될 것이다.

미국은 치료제와 백신 개발을 병행하는데, 한국은 왜 치료제 개발만 하고 백신은 안 하나?

국내에서는 백신 개발을 위한 임상시험이 어렵다. 그래서 SK나 삼성 같은 국내 업체는 해외에서 개발한 백신의 위탁 생산만 하고 있다.

치료제로 돈 벌 생각 없다

셀트리온의 치료제 개발에 대한 시장의 기대감이 큰 것 같다. 셀트리온에 코로나는 큰 기회라고 생각하나?

● 2020년 11월 21일 개최.

회사의 신뢰도와 브랜드 파워를 올릴 수 있는 좋은 기회가 될 것이다.

코로나 치료제는 '공공재'이기 때문에 가격을 적정하게 책정하겠다고 말했는데.

코로나 치료제로 돈을 남기면 안 된다. 재앙을 돈벌이 수단으로 이용하는 것은 옳지 않다. 공익사업이어야 한다. 제약 회사로서 의무를 다하는 것이다. 정부에도 이미 얘기했다. 국내는 원가(개발비 포함) 수준에서 싸게 공급하고, 해외에는 경쟁업체보다 저렴한 가격에 공급할 계획이다. 외국 제약업체 CEO에게도 코로나 치료제와 백신을 너무 비싸게 팔지 말라고 메시지를 보냈다. 셀트리온이 치료제를 개발하면 한순간에 공격할 수 있으니 적당히 하라고 했다. 코로나 치료제와 백신은 각국과 장기계약을 한다. 임상 3상으로 가기 전에 판매는 다 끝날 것이다. 우리는 미국 정부 지원을 안 받아 자유롭다. 지원을 받으면 끌려다니게 마련이다. 자체 자금으로 개발해서 떳떳하게 파는 게 낫다.

예상 판매가격은?

미국의 코로나 치료제 개발 업체인 일라이 릴리는 개당 450만 원에서 500만 원 선에 공급하기로 미국 정부와 계약했다. 우리의 해외 공급가격은 이보다는 싸겠지. 국내 공급가격은 그 10분의 1 정도인 40만 원에서 50만 원 정도가 될 것 같다. 셀트리온은 최대 150만 명에서 200만 명 분 정도 공급할 것이다. 1인당 40만 원이라고 치면 1조 2000억 원 규모다. 정부가 치료제를 구입해서 국민에 나눠줄 수밖에 없다. 공공재로 취급해야 한다. 유럽은 다 그렇게 할 것이다. 유럽과 아시아에 공급하고 나면 미국까지 나눠줄 여력은 없을 것 같다.

기업 논리로 보면 이익은 다다익선 아닌가.

코로나는 이미 아프리카까지 번졌기 때문에 앞으로도 계속 위협이 된다. 일시적으로 쓰이는 약이 아니라 대단히 오래갈 것이다. 약이 언제까지 쓰일지는 불확실하지만 효자상품이 될 수 있다.

선진국은 자력으로 대응한다고 해도 후진국이 문제로 남아 있다.

원조를 할 수밖에 없다. 국제적으로 펀드를 만들어 구입해서 나눠주어야 한다.

북한에 치료제 무상 지원 용의

이인영 통일부 장관이 북한에 코로나 치료제와 백신을 지원할 뜻을 밝혔는데?

기업이 국가정책에 협조하는 건 마땅한 도리라 믿는다. 한국이 '코로나 청정국'이 된 후에 국익에 도움이 된다면 북한에 대한 무상 지원에 협조할 것이다. 북한 지원을 위해 필요하다면 방북 용의도 있다.

한반도 평화협정이 교착 상태에 빠진 지금, 셀트리온의 코로나 치료제가 돌파구 역할을 한다면 역사적으로 큰 의미가 있을 것이다. 정주영 현대그룹 창업주도 1998년 소떼 1000마리를 끌고 방북해 남북 교류의 물꼬를 트고 남북화해의 초석을 놓았다.

소떼 방북과 같은 역사적 의미가 있을 것 같다. 코로나 시대에는 치료제가 공공재이고 국가안보에 큰 자산이 된다. 치료제가 향후 남북 관계는 물론 한미 관계를 푸는 데 중요한 역할을 할 수 있다.

어떻게 그런 일이 가능한가?

당장 미국은 자국민을 위한 치료제가 부족할 것이다. 바이든 행정부가
치료제를 추가로 확보하는 데 한국의 도움이 필요할 수 있다. 미국의
최근 신규 환자 수는 20만 명에 육박한다. (이런 추세가 계속되면) 미국은
자체적으로 치료제 물량을 충당하기도 부족하다. 제약 업체라도 새로
항체치료제 생산시설을 갖추는 데 6년 정도는 걸리기 때문에 단기 대
응도 어렵다.

트럼프는 미쳤다

미국의 코로나 확진자가 세계 최대 규모다.*

미국의 문제는 대재앙이 닥쳤는데 한쪽에서는 240만 명이 죽을 것이라
며 장송곡을 틀고, 정치인들은 잘 알지도 못하면서 10만 명 선에서 막
을 수 있다고 말한 것이다. 외국계 대형 투자은행은 헤지펀드 성격이
강하다. 재앙이 생기면 장송곡을 틀어서 공매도를 친다. 다 주워 먹고
나면 다시 호재를 흘려서 (주가를) 끌어올린다. 서양인과 대화를 해보면
동양인의 사고로는 이해하기 힘들다. 국가가 사망자를 줄이기 위해 최

• 2021년 1월 20일 WHO 집계 기준으로 전 세계 코로나19 확진자 수는 9615만 명, 사망자 수
는 205만 명이다. 이 가운데 미국이 누적 확진자 2414만 명, 사망자 39만 명으로 가장 많다.

선을 다하고 일상을 유지하면서 경제 타격을 최소화해야 하는데, 미국은 극단적 선택을 하고 있다.

트럼프 미 대통령의 대응 방식이 큰 논란이다.

트럼프는 미쳤다. 바이러스는 미생물이다. 원래 미생물과 싸우는 게 아니다. 미생물은 본능적으로 움직인다. 그러니 우리는 피해를 입지 않는 요령을 배워서 대처해야 한다. 그런데 트럼프는 미생물과 싸우려 하는 것 같다. 무슨 수로 이기겠나? 며칠 전 미국 사람들에게 말했다. 미국이 지금 택한 정책은 전 국민 감염으로 직행하는 길이라고. 80대 사망률이 20%, 70대 사망률이 15%에 달한다. 60대 이상에게 총 한 자루씩 주고 '러시안 룰렛 게임'*을 시키는 것과 같다. 러시안 룰렛의 사망 확률이 15%다.

독일의 메르켈 총리와 대비된다.

메르켈 총리가 잘하고 있는 것이다. 처음부터 "국민의 60%가 감염될 것이다. 이미 예방만 하기엔 늦었다. 사망자를 최소화하는 데 노력하겠으니 개인 방역은 각자 신경 쓰라"고 분명히 말했다. 미국도 그렇게 했어야 한다. 그런데 트럼프는 독감보다도 심각하지 않다고 말했다. 또 말라리아 약으로 치료하라고 했다. 말라리아 약을 만드는 회사가 트럼프가 투자한 곳이다. 미국 국민은 트럼프가 원래 그런 사람이라고 생각

• 회전식 연발 권총에 1개의 총알만 장전하고, 머리에 총을 겨누어 방아쇠를 당기는 목숨을 건 게임.

하는 것 같다. 미국의 비극이다.

코로나 유행에 잘 대처하는 방법은?

코로나 사태가 해결되는 길은 전 세계 사람이 모두 감염돼서 항체가 생기든가, 치료제나 백신이 나와서 해결되든가 둘 중 하나다. 바이러스 변이가 발생해서 독성이 더 강해지면 전염력이 떨어지게 된다. 반대로 독성이 약해질 수도 있다. 하지만 이런 일들이 1년 안에 벌어질 가능성은 모두 제로다. 이번 사태는 아무리 빨라도 1~2년 정도는 버텨야 한다. 각 나라는 코로나가 종식이 되지 않은 상태에서 피해를 줄이기 위한 노력을 해야 한다.

코로나 이후 하루 두 시간씩 쪽잠

코로나 사태 이후 어떻게 생활했나?*

직원들에게 물어보라. (주위의 비서를 둘러본다.) 분당의 집이 집무실이 됐다. 주간에는 아시아를 챙기고, 야간에는 북남미와 유럽 등 전 세계 상황을 전화로 체크한다. 비서들도 주간·야간으로 교대근무를 한다.

전화 통화량이 많겠다.

하루 평균 400통 정도 된다. 매일 70여 개국에 나가 있는 주재원들과 통

• 대화 시점은 2020년 5월 중순이다.

화하니까. 국내 임직원들과도 그룹별로 여러 명이 동시에 전화회의를 한다.

그럼 잠은 언제 자나?

하루 2시간 정도 잔다. 거의 올나잇이다. 그리고 틈이 날 때마다 쪽잠을 잔다. 하루 총 수면 시간이 4~5시간 정도다. 이런 생활을 2월부터 3개월 동안 했다. 의자에만 앉아 있었더니 몸이 붓더라. 집 대문 밖으로 나가는 게 한 달에 2, 3일 정도다. 어쩌다 밖에 나가니 벚꽃이 피어 있더라. 또 어쩌다 나가보니 벌써 여름이 왔다.

코로나로 인한 가장 큰 어려움은?●

물류 비상이다. 비행기가 못 뜨고, 트럭이 못 간다. 약은 제때 공급 못하면 사람이 죽을 수 있다. 급하면 전세기라도 띄울 생각까지 했다. 유럽의 경우 한 번 트럭이 움직이면 4~5개국을 돌아다녀야 하는데, 국경을 통과할 때마다 운전기사가 14일간 격리되는 형편이다. 할 수 없이 국경마다 (따로) 운전기사를 배치해서 릴레이식으로 운용했다. 주재원이 운전기사를 일대일로 지켰다. 처음에는 국경을 넘을 때마다 12시간에서 20시간씩 걸렸다. 석 달간은 정말 난리굿이었다. 그나마 7월 이후 유럽연합 국가들끼리는 격리 없이 이동이 가능해졌다.

● 대화 시점은 2020년 7월 말이다.

PART
07

150조
중국 시장을 잡아라

인구 15억 명의 중국 제약 시장 규모는 150조 원으로 미국·유럽에 이어 세계 3위다. 하지만 미국과 유럽 다국적 제약사의 손길이 제대로 미치지 않는 금단의 땅이다. 여기에 서정진이 도전장을 던졌다. 2020년 1월 중국과 후베이성 우한에 바이오의약품 생산 공장을 합작으로 설립하는 업무협약을 맺었다. 코로나19 사태로 기공식이 늦어지고 있지만 서정진은 여유를 보인다. 셀트리온의 합작 공장 설립은 중국 정부가 직접 관심을 갖고 있는 프로젝트라는 것이다. 서정진은 중국 인민에게 OECD 선진국 수준의 항암 치료가 가능하도록 바이오 약을 싸게 공급하겠다고 약속했다. 중국은 명예 공산당원증을 주겠다고 제안할 정도로 서정진에게 푹 빠졌다.

중국 최대 바이오 합작 공장 설립 협약

2020년 상반기 중 기공식을 갖기로 했는데 코로나 사태로 늦어지고 있다. 협약은 여전히* 유효한가?

그렇다. 2020년 4월에 6만 평 규모의 합작 공장 기공식을 가질 계획이 었는데, 코로나 때문에 중국에 들어갈 수 없는 상황이다.

중국은 어느 정도로 적극적인가?

중국은 빨리 공장을 짓자고 재촉하고 있지만 코로나 상황 때문에 여의 치 않다. 공장을 지으려면 우리가 외국 엔지니어들과 함께 입국해서 지 질조사를 하고 그 기반 아래 설계해야 하는데, 물리적으로 사람이 들어 갈 수 없다. 중국은 자신들이 하겠으니 믿어달라고 하지만 중국은 그런 공사를 한 경험이 없다. 우리가 직접 갈 수 있어야 사업을 시작할 수 있 다. 그런데 외국 엔지니어들이 안 들어가려고 한다.

2025년까지 12만 리터급 바이오의약품 생산시설을 건설하기로 했다. 중국 최 대 바이오 회사가 만들어지는 것인가?

• 대화 시점은 2020년 7월 말이다.

엄청나게 큰 규모지. 이 공장에서는 셀트리온 제품 중에서 중국에 파는 것만 생산할 수 있다. 남는 시설로는 중국 내수 시장 공급을 위한 위탁 생산(CMO) 사업을 할 것이다.

5년간 설비투자에만 6000억 원 이상 투입하기로 했다. 자금 조달은 어떻게 하나?

먼저 우리가 1000억 원으로 법인을 세운다. 그다음에 우리와 중국이 각각 500억 원씩 추가 투자를 한다. 중국은 이와 별도로 1000억 원을 무상으로 지원한다. 나머지 3000억 원은 외부 투자를 유치한다. 중국은 이사 1명을 파견하는데, 의결권은 없다.

셀트리온 쪽에서는 어디가 투자하나?

셀트리온과 셀트리온헬스케어가 공동 투자한다. 각자 기여하는 가치만큼 지분을 가질 것이다.

중국 시장에서의 판매 방법도 중요한데.

우리가 직접 판다. 그동안은 중국이 허가를 안 내줘 못 팔았다. 앞으로는 셀트리온이 미국·유럽·일본에서 허가받은 약은 신속승인절차로 처리해 주는 방안을 협의하고 있다.

중국 공장 후보지로 저장성(절강성)의 항저우(저장성 성도)도 함께 검토했던 것으로 안다. 최종적으로 우한을 선택한 이유는?

2019년에 저장성 성장, 저장성 당서기, 항저우 시장을 함께 만났다. 지방정부의 수뇌부 3명이 함께 모인 것은 전례 없는 일이라고 하더라. 항저우는 시진핑 주석의 정치적 근거지이기도 하다. 지금도 가족이 살고 있다고 한다. 국빈으로 모시라고 지시를 내렸다더라. 중국 텔레비전 방송들도 몰려들었다. 내가 오프더레코드(비보도)를 요청했지만 이해를 못하더라. 보안은 걱정 말라고 약속해놓곤 바로 그날 한국 텔레비전에 보도됐다. 그 정도로 저장성과 항저우가 적극성을 보였지만 인건비가 한국의 80% 수준으로 너무 높다. 반면 우한은 60%다. 저장성 성장은 항저우가 제일 좋다고 거듭 말했지만, 한국과 인건비 차이가 별로 없으면 원가절감이 어려우니 이해해달라고 설득했다.

항저우는 대한민국 임시정부 청사가 있던 곳이기도 한데.

그렇지 않아도 청사 구경을 부탁해 가봤다. 내가 임시정부 역사와 주요 인물들에 대해 죽 설명했다. 그리고 당시 중국과 임시정부의 생각이 같았다고 강조했다. 중국 정부가 그동안 신경을 많이 쓴 것 같더라. 충칭(중경) 임시정부 청사 수준은 되는 것 같았다. 청사 보전을 잘해줘서 고맙다고 했다. 우리 국민에게도 전하겠다고 했다. 중국 공산당 고위층 인사들도 청사는 처음 와본 것 같았다. 앞으로 예산을 더 들여서 관리를 잘하자는 말들을 하더라.

우한은 코로나 발원지로 유명해졌다. 어떤 곳인가?

삼국지에서 조조가 유비, 손권의 연합군과 싸운 적벽대전이 일어났던 곳이다. 중국은 코로나 이후 재건을 위해 우한을 집중투자지역으로 지정하고, 시진핑 주석과 (가까운) 핵심 인사를 (책임자로) 데려다놨다. 셀트리온과의 합작 사업이 최대 규모 프로젝트다.

서정진 회장 생각이 중국 정부와 같다

중국 진출을 꽤 오랫동안 준비한 것으로 아는데?

원래 중국 시장은 합작을 안 하고 바로 들어가려고 했는데, 인허가에 시간이 너무 오래 걸리더라. 5년 전 허가 서류를 넣었는데 (2018년까지도) 답이 없었다. 중국 스타일에 맞춰서 합작법인을 만들기로 했다. 원래 홍콩의 난펑그룹과 공동 진출을 협의했는데 최종적으로 파트너 없이 (독자적으로) 하기로 했다. 2019년 상반기에는 들어가려고 했는데 협의 과정에서 늦어졌다.*

중국이 셀트리온에 관심을 갖는 이유는 무엇인가?

중국 정부와 공산당이 원한다. 중국 당국의 고위인사를 베이징에서 만났을 때 내가 제안했다. 중국의 1인당 국민소득이 1만 달러고 한국은 3만 달러다. OECD 회원국에서는 유방암으로 죽는 사람이 없다. 유방암 치료약 값이 미국은 2년간 1억 8000만 원, 유럽은 1억 6000만 원이고 한국은 1억 원이다. 중국 인민은 이렇게 비싼 약을 못 산다. 중국이 세계 2대 강국이라면 최소한 암 사망률을 OECD 수준으로는 낮춰야 하지 않겠나? OECD 수준의 항암 치료를 해줘야 하는데 자체 힘만으로는

---

* 2019년 2월 상반기 중에 중국 진출을 마무리 짓겠다고 발표한 바 있다.

어려움이 있지 않느냐. 내가 약값을 낮출 테니, 중국은 (셀트리온이 만드는) 약을 중앙정부 의료보험에 올려달라. 중국 인민이 자기 돈으로는 비싼 약값을 감당할 수 없으니 의료보험으로 처리해 부담을 없애자고 한 것이다. 중국 의료보험에 우리 약이 포함되면 판매는 자동으로 이뤄진다. 대신 우리 투자액에 인센티브를 달라고 했다. 중국 정부가 투자금의 25% 이상을 대고, 약품 허가는 패스트트랙으로 처리하기로 했다.

중국 정부가 서 회장의 제안을 받아들인 것인가?

"서 회장의 생각이 중국 정부와 같다"고 하더라. 나보고 진짜 공산주의자라면서 자본주의 세상에 나 같은 공산주의자가 있는 줄 몰랐다고 하더라. 명예 공산당원증을 주겠다고도 했다. 졸지에 중국이 인정하는 공산주의자가 된 거지. 속으로 내가 용비어천가 너무 많이 틀었다고 생각했다(웃음).

그래서 중국 명예 공산당원증을 받았나?

(손사래를 치면서) 아니다. 공연히 오해받을 수 있다. 안 받기를 잘한 것 같다.

지금까지 외국 제약 회사가 중국 의료보험에 자사가 만든 약을 포함해 공급한 적이 있나?

우리가 처음이다.

중국이 2015년 5월 제조업 활성화 전략인 '중국제조 2025'를 발표했는데, 바이오를 10대 전략산업에 포함시켰다. 서 회장의 제안이 중국 정부의 정책 방향과도 맞아떨어진 것 같다. 앞으로 합작 사업이 계획대로 진행되면 시진핑 주석과 직접 만날 기회도 있을까?

……(웃음).

인구 15억의 세계 3위 제약 시장

중국은 인구가 15억 명이다. 의약품 시장의 규모가 엄청날 것 같은데?

약 150조 원 정도로 미국·유럽에 이어 세계 3위다. 이 중에서 바이오 시장은 10조 원 규모인데 빠르게 성장하고 있다.

향후 셀트리온의 중국 시장 점유율 목표가 있는가?

우리가 생산하는 약 중에 유방암 치료제인 허쥬마가 있다. 중국 인구 15억 명 중에서 여자가 7억 명이라고 하자. 의료보험을 적용해서 3억 명만 치료 대상이 될 수 있다면, 중국 시장 한 곳이 유럽 시장만 한 사이즈로 클 수 있다. 지금은 중국 시장이 (중동의) 시리아 수준에 불과하지만, 미래에는 큰 시장이 될 가능성이 높다.

셀트리온 약에 중국 의료보험이 적용되면, 중국 국민은 해당 약을 무료로 받게 되나?

그렇다. 대신 우리는 중국이 요구하는 가격에 맞춰야 한다. 국내 판매가격에서 대폭 할인해야 한다. 그러려면 원가절감을 통해 원가를 15%

선까지 낮출 필요가 있다.

그러다 보면 판매 마진율이 낮아질 텐데, 셀트리온도 (이익이) 남아야 하지 않나?
중국은 박리다매 시장이라고 보면 된다. 싸게 많이 파는 것이다.

한국도 약값이 비싸다는 지적이 적지 않은데.
2018년 일본 후생성 직원 40명에게 강연을 한 적이 있는데 이렇게 말했다. 전 세계에서 제너릭(합성의약품 복제약) 약값이 비싼 나라는 이스라엘, 일본, 한국이다. 그 이유가 있는데 모두 민족적 긍지를 가져서다. 이스라엘은 아브라함의 후손이고, 일본은 잉어의 후손이며, 한국은 마늘 먹고 사람이 된 곰의 후손이다. 이들 세 나라는 약값이 비싸도 인정하고 산다. 곰의 후손과 아브라함의 후손이 바뀌려고 하는데, 잉어의 후손만 안 바뀌는 것은 뭐냐. 일본 사람들 기분 나쁘라고 일부러 얘기한 건데 그냥 가만히 있더라. 그래서 내가 졌다고 했다. 잉어 얘기를 다시는 안 하겠다고 말했다. 그런데 1년 만에 일본에서 연락이 왔다. 일본도 바이오시밀러 우대 정책을 시행한다고. (바이오시밀러가 공급되면 오리지널 약과의 경쟁으로 약값이 급속히 떨어진다.) 약값이 비싼 것은 경쟁이 없기 때문이다. 전 세계에서 경쟁 없이 약을 파는 나라는 한국과 일본뿐이다. 약값이 얼마든 의사가 처방하는 대로 약이 나간다. 이것 때문에 제약 회사의 리베이트 문제도 발생하는 것이다. 입찰을 통해 제약 회사끼리 경쟁시키면 된다. 의사가 특정한 약을 지정할 수 없도록 하는 것이다.

우리 정부는 왜 뒷짐만 지고 있나?

그동안 여러 정부가 의사는 성분 처방을 하고, 약사는 약을 선택하는 방안을 시도했는데 결국 실패했다. 그때마다 의약업계에 분쟁만 일어났다. 언젠가는 해결해야 할 과제다.

그동안 여러 정부가 의사는 성분 처방을 하고, 약사는 약을 선택하는 방안을 시도했는데 결국 실패했다. 그때마다 의약업계에 분쟁만 일어났다. 언젠가는 해결해야 할 과제다.

앞서 중국에 진출한 한국 기업들이 어려움을 많이 겪었는데, 셀트리온이 같은 일을 당하지 않을 자신이 있나?

중국은 결코 비즈니스 하기 쉬운 나라가 아니다. 하지만 기술과 제품이 셀트리온에 있다. 상대방이 하는 것을 봐가면서 넘겨주면 된다. 우리가 중국에 진출하는 이유는 딱 한 가지다. 중국의 시장이 크기 때문이다. 하지만 중국도 국익을 생각할 것 아니냐. 양쪽이 절충과 타협으로 공생할 수밖에 없다. '올 오어 낫싱(all or nothing, 전부 아니면 전무)'인 게임을 할 수는 없다.

그래도 대비책이 있어야 할 것 같은데.

케이스 바이 케이스다(웃음).

동종업계의 삼성바이오로직스(삼바)도 중국 진출을 발표했다.

우리는 직접 공장을 짓는 거고 삼바는 판권을 넘기는 것이다. 그 내용이 전혀 다르다.

미국이나 유럽의 제약사는 중국에 직접 진출하지 않나?

진출한다. 하지만 외국 제약사는 인허가에 오랜 시간이 걸린다. 그러다 보면 서양의 오리지널 약보다 중국 현지 업체의 제너릭이 먼저 허가를 받아 출시되는 일도 있다. 아니면 오리지널 약이 허가를 받을 때 제너릭이 동시에 나오기도 한다.

지적재산권 침해 문제가 제기되지 않나?

중국 제약산업은 아직 수출보다는 내수 중심이다. 현실적으로 문제 삼을 방법이 마땅히 없다.

셀트리온도 그런 일을 겪었나?

우리 약도 임상 승인을 받는 데 3년이 걸렸다. 그사이 중국 업체가 개발한 바이오시밀러가 출시되기도 했다. 하지만 중국 업체는 글로벌 시장에서 승인받지 못하고 있다.

미중 간 무역 갈등이 갈수록 심해지고 있다. 혹시 셀트리온 중국 진출에 영향을 미치는 일은 없을까?

그래서 우리는 속닥하게(조용히) 하고 싶은 것이다. 중국 파트너가 너무 요란하게 안 했으면 좋겠는데 자꾸 (일을) 키우고 싶어 한다. 바이오 기술 자립이라고 선전하고 싶은 것이다. 우리로서는 미국을 자극하면 안 된다.

실제 미국이 뭐라고 한 적은 없나?

우리는 중국 내수용 사업이다. 수출은 안 한다. 그런데 중국은 자꾸 그 부분을 빼고 싶어 한다.

문재인 대통령이 2019년 5월 바이오헬스 국가비전 선포식을 개최해 바이오를 비메모리 반도체, 미래형 자동차와 함께 3대 차세대 주력산업으로 중점 육성하기로 했다.* 시진핑 주석의 방한도 추진되고 있어, 우리 정부도 관심이 많을 것 같다.

우리는 정말 속닥하게 하고 싶다니까(웃음).

---

* 2030년까지 제약·의료기기 세계시장 점유율 6% 달성, 500억 달러 수출, 5대 수출 주력산업을 목표로 육성하기로 함.

PART
08

미국·중국·일본 이야기

일본은 2019년 7월 한국에 대한 수출규제를 발표했다. 일본 의존도가 높은 한국 경제는 비상이 걸렸다. 서정진은 사태 초기부터 일본의 도발은 실패할 수밖에 없다고 자신했다. 1년 뒤 그의 말은 현실로 확인됐다. 단순한 우연일까 아니면 미래를 내다보는 날카로운 통찰력일까? 서정진은 국산화와 수입선 다변화를 하면 일본 의존에서 벗어나는 전화위복을 이룰 수 있다고 역설한다. 셀트리온은 일본의 직접적인 수출규제 대상이 아닌데도 일본에서 수입하던 원·부자재를 전면 교체하기로 했다. 서정진은 경제는 중국에 잘못 보이면 안 되고, 안보는 미국에 잘못 보이면 안 되는 게 상식인데 왜 친미냐 친중이냐의 정답 없는 논쟁을 하느냐고 꼬집는다.

예고된 일본의 수출규제 실패

셀트리온은 일본 수출규제의 적용을 직접적으로 받지 않는데도 일본으로부터 수입하던 원·부자재를 전면 교체하기로 했다.°

우리가 일본에서 수입하는 소재 부품은 30가지다. 이 중 한 가지 소재에 대해 수입선 다변화를 했을 경우 품질에 문제가 없는지 검토해봤다. 수입선 다변화에 6개월이 걸린다. 현지 의료 당국의 승인까지 받으려면 1년이 소요된다. 비용은 60억 원이 든다. 30가지 전체를 수입 다변화하는 데 400억에서 500억 원이면 충분하다. 그래서 결정했다. 재고도 이미 12개월분 이상 확보했다.

일본 수출규제는 한일 간의 경제 전쟁이라고 할 수 있는데 누가 이길 거라고 보나?

이 게임은 무조건 한국이 이긴다. 한국 정부에도 우리가 무조건 이긴다고 얘기했다. 무조건 일본과 붙어라, 겁내지 마라. 이번 기회에 대일 무역 역조를 바로잡고 소재 산업 중심으로 가자고 했다. 빨리 안 하면 우리가 중국에 중간재 파는 것도 일본 몫으로 다 바뀐다. 소재가 뒷받침

° 이 대화는 2019년 8월에 이뤄졌다.

되어야 중간재 사업도 할 수 있다. 해마다 우리는 큰 규모의 대일 무역 역조를 기록하고 있다. 일본은 한국이 자기네 물건을 많이 사가서 그렇다고 주장한다. 한국이 안 사가면 된다는 것이다. 사실 이제는 우리 기업들이 일본 제품을 사지 않아도 된다. 일본이 독점하고 있는 기술은 이제 없다. 미국과 유럽에서 사면 된다. 그런데 정부가 그런 얘기를 못 했다. 기업들의 수입 구조를 바꾸자고 하면 되는데. 일본은 우리 때문에 스트레스 받을 일 없다. 한국을 이용해 먹을 뿐이지. 일본 사람들에게 우리가 일본 제품을 안 산다는 건 협박이 될 수 있어도 일본이 우리에게 안 판다는 것은 협박이 될 수 없다고 말해줬다. 일본이 한국 대기업을 아주 졸로 본 것이다. 이길 수 있는 게임을 하더라도 완급을 조절해야 한다. 한일 간의 민간 주도 모임은 계속해야 한다. 일본이 안 판다고 협박을 했으니 우리는 안 사면 된다. 많은 학자들이 한국 경제가 문제라고 하는 것은 잘 몰라서 하는 말이다. 그건 한국 경제의 문제가 아니다. 이미 (한일 수출규제 전쟁에서) 역전 현상이 생겼고, 우리가 곧 완승할 것이다.[•]

일본의 수출규제는 반도체 분야를 겨냥했는데?

반도체가 문제라고 해서 삼성과 SK 회장들에게 물어봤다. 삼성에 알아보니 국산화하고 수입선을 바꾸는 데 1조 원이 든다고 한다. 우리나라

• 산업자원부는 2019년 7월 4일 일본 수출규제 이후 1년 동안 단 1건의 생산 차질도 없었으며 정부가 약속한 100대 품목 조기 공급안정성 확보, 기업 간 건강한 협력 생태계 조성 등의 정책과제에서 뚜렷한 진전을 이뤘다고 발표했다.

경제 전체로는 5조에서 10조 원이 들 것이다. 시간이 많이 걸리는 것도 아니다. 6개월쯤 걸리느냐고 했더니 그 정도는 아니라고 한다. 6개월 후면 우리가 이긴다. 그때까지 시간을 벌어야 한다. 수입선 다변화를 하니 오히려 소재 가격이 더 떨어졌다. 서양 업체들이 일본 제품 가격보다 10% 깎아주겠다고 제안한다. 일본 물량을 다 빼앗아오면 자기네가 넘버원이 되기 때문에 이참에 다 빼앗아오자는 속내인 거지. 아이디어 차원에 그치는 걸 그냥 질러버린 거다. 일본이 우리나라를 너무 과소평가했다.

정답 없는 친미, 친중 논쟁

미국과 중국이 글로벌 경제의 패권을 놓고 격돌하고 있다.

동서 냉전이 끝난 뒤에 미국 패권주의로 흘러가다가 중국이 도전하고 있다. 중국은 15억 인구가 뭉치면 일단 덩치로는 된다. 중국·북한·러시아가 한 팀이고, 미국과 일본이 한 팀이다. 유럽이 변하고 있다. 유럽은 친미가 아니다. 과거 소비에트 연방국가들(동유럽 국가들)은 고민하고 있다. 유럽연합에 있으면 보조금을 받지만 피해도 입게 된다. 친유럽이냐 친푸틴이냐가 이들의 갈등 요소다. 아시아 국가는 중국 편이거나 아니거나 둘 중 하나를 택해야 하는 기로에 있다. 중국은 아시아만의 것을 만들려고 한다. 베트남과 인도는 중국 편이 아니다. 나머지는 따라갈까 말까 고민하고 있다. 아프리카는 중국이 벌써 접수했다. 남미는 골치 아프니까 아무도 안 쳐다본다. 각자도생이다. 중동은 한쪽은 미국 편, 다른 쪽은 러시아 편이다.

한국으로서는 고래 싸움에 새우 등 터지는 일이 생길까 봐 걱정이다.

경제적으로 중국에 대한 의존도가 너무 높다. 2018년에 705억 달러의 무역수지 흑자를 봤는데 중국에서만 흑자가 558억 달러였다. 중국과 불편해지면 한국 경제 큰일 난다. 의존도가 너무 높다. 또 안보는 미국 없으면 안 된다. 어정쩡하다. 샌드위치 신세다 보니 우리가 제 목소리를 내기 쉽지 않다. 누가 대통령을 한들 미국 편이라고 하겠나, 중국 편이라고 하겠나. 들통 안 나게 각각 연애편지 주고받아야지. 일본이 물어뜯으면 우리도 죽기로 싸워야지. 김정은이 자꾸 미사일 쏘는데 왜 쏘느냐고 따지기도 어렵고, 잘 쐈다고 할 수도 없고. 그저 벙어리 냉가슴 앓듯 하면서 가야지. 누가 대통령이 돼도 별 수 없는 일인데 왜 정답 없는 논쟁을 하나. 국익 중심으로 생각하자. 국익에 도움이 된다면 보수면 어떻고 진보면 어떤가. 우리가 살려면 힘이 강해져야 한다. 안보에서는 한계가 있다. 아무리 무기를 사도 중국·일본을 이기기는 어렵다. 경제는 정신만 차리면 이길 수 있다. 이런 얘기를 하면 다음에 정권 바뀌면 어떻게 하려느냐고 묻더라. 그래서 내가 2020년에 은퇴한다고 하지 않았나.

민간의 휴먼 네트워크를 활용하라

트럼프와 김정은의 하노이 회담 결과를 미리 알았다는 얘기가 있다.

미국 파트너의 며느리가 이방카와 친구다. 트럼프가 베트남 하노이에서 김정은을 만날 때 이방카 친구에게 잘될 것 같으냐고 물어봤다. 이방카에게 알아보겠다고 하더라. 이방카가 이번에는 자기네가 주로 들을 거라고 했단다. 미국이 먼저 말을 안 하겠다는 뜻이다. 미국이 먼저 '쇼당' 걸거나 북한을 설득하지는 않을 듯하니 김정은이 하기 나름인 것 같더라. 실제 그대로 되지 않았나? 북핵이 가장 큰 문제다. 핵심 인물이 트럼프, 시진핑인데 그 사람들이 무슨 생각을 하는지에 따라 정책 대응을 해야 한다. 고급 정보를 얻는 데 있어 외교부나 국정원한테만 의존해서는 안 된다. 정보를 모을 수 있는 휴먼 네트워크를 만들어야 한다. 공무원만으로는 못한다. 국익 중심으로 국가의 모든 자산을 모아야 한다. 내가 이방카와 친하고, 누구는 트럼프 사위와 친하고, 또 누구는 볼턴과 친하다면 전부 모아야 한다. 그게 휴먼 네트워크다. 그렇게 모두 모아서 판단해야 한다. 국정원 정보는 워싱턴에서 귀동냥한 것이다. 대사관 정보는 워싱턴에서 만나는 사람들한테 들은 얘기다. 그 사람들은 공식적인 얘기만 한다. 오판하기 쉽다. 시진핑도 말을 잘 안 하고 생각을 알기 어렵다. 하지만 시 주석도 친구나 가족들하고는 속에 있는 얘기를 할 것 아닌가. 국가가 내 편 네 편 가르지 말고 모두 동원해야 한다. 아군이면 더 좋은 거고, 적군도 쓸 데가 있으면 써먹어야 한다. 꿩 잡는 매처럼 목적을 달성하면 된다. 이런 내 얘기를 들은 정부 쪽 사람이 "트럼프와 이방카 정보만 줘도 좋을 것 같다"고 그러더라. 하지만 내가 매일 물어볼 수는 없지 않은가(웃음).

PART
09

역사를 알아야
사업에 성공할 수 있다

서정진은 역사 얘기를 많이 한다. 전 세계와 비즈니스를 하려면 각국의 문화와 전통을 알아야 하고, 문화와 전통을 이해하려면 역사를 알아야 한다는 게 그의 지론이다. 흥미로운 것은 다른 나라의 역사를 알면 한국의 역사도 새롭게 보인다는 것이다. 서정진과 얘기를 하다 보면 학교와 교과서에서는 가르치지 않은 흥미로운 우리 역사 얘기가 쏟아진다. 미국은 우리를 구해준 나라이면서 해도 끼친 나라이기 때문에 친미, 반미로 나뉘어 싸우는 것은 바보짓이라고 목소리를 높인다. 미국과 영국이 일본을 지원한 것이 일제 36년의 출발점이 됐고, 러시아 공산혁명과 태평양전쟁의 씨앗이 됐다고 말한다. 또한 동학혁명은 프랑스혁명 이상으로 역사적 의미가 큰데도 우리는 농민의 난으로만 배웠다고 아쉬워한다. 조선 말 대원군과 동학이 서로 대타협을 했거나 해방 뒤 임시정부와 이승만 대통령이 힘을 합쳐 건국했다면 우리 역사가 바뀌었을 것이라고 안타까워하기도 한다.

문화와 전통을 이해하는 지름길

셀트리온엔터테인먼트에서 영화 〈자전차왕 엄복동〉을 제작한 이유는 "일제 강점기에 우리 민족이 멍청하게 가만히 있지 않았다는 것을 보여주기 위해서" 라고 말했다. 역사에 관심이 많은 이유가 무엇인가?

전 세계에서 비즈니스를 하려면 각국의 역사를 알아야 한다. 역사를 알 아야 문화와 전통을 이해할 수 있다. 항상 그 나라 역사, 문화, 전통을 공부하는 게 필수다. 유럽의 경우 문화 발상지는 그리스 에게문명이다. 그리스 사람들하고 대화를 하려면 그리스신화를 알아야 한다. 그런데 그리스는 신이 엄청 많다. 그리스 사람들도 다 모를 정도다. 최초의 그 리스 신은 하늘의 신과 땅의 신이었다. 둘이 결혼했는데 애를 낳으면 하늘의 신이 다 삼켜버렸다. 땅의 신이 마지막 아들 신을 몰래 빼돌렸 고, 아들 신이 성년이 되자 아버지 하늘의 신이 삼킨 형제 신들을 모두 토해내게 했다. 아테네의 파르테논신전에 가면 이런 얘기를 죽 설명한 다. 그러면 그리스 사람들은 자신들을 존중한다고 생각한다. 거저먹는 것이다(웃음). 로마 세력이 밀려오면서 그리스의 도리아·이오니아·코 린트 양식이 로마양식으로 발전했다. 로마가 망하면서 프랑크 왕국이 생겼고 합스부르크 왕조로 이어졌다. 오스트리아에 가서 독일 얘기를 하면 아주 싫어한다. 합스부르크 왕조가 오스트리아에서 시작됐다고 하면 무척 좋아한다. 그리고 알프스산맥의 대부분이 오스트리아에 있다고 말해서 점수를 얻기도 한다. 반대로 스위스에 가면 알프스의 얼굴은 너희가 가지고 있고, 등짝은 오스트리아가 갖고 있다고 말한다. 다시 프랑스에 가면 사람은 옆모습이 미인이어야 하듯이 알프스의 옆모습을 볼 수 있는 몽블랑(알프스산맥의 최고봉)이 최고라고 말한다. 이탈리아 가서는 돌체가든이 훨씬 멋있다고 한다. 알프스 하나 가지고 4개국의 비위를 다 맞출 수 있는 것이다. 이탈리아 의사를 꼬시려면 용비어천가를 불러야 하는데, 무솔리니 얘기를 하면 될 것도 안 된다. 비즈니스에서는 역사와 문화가 중요하다.

역사공부는 어떻게 하나?

역사책으로 독학했다. 영어 버전으로 된 책이 다 있다. 내가 직원들을 가르치기도 한다. 흥미로운 것은 다른 나라 역사를 알면 우리나라 역사가 다시 보인다는 것이다. 학교에서 배운 한국 역사와는 다른 역사를 알게 된다. 우리의 기존 역사 교육엔 문제가 있다.

친미, 반미로 싸우는 건 바보짓

우리 역사 교육에 어떤 문제가 있다고 보나?

미국에 대한 정의를 꼽겠다. 미국은 우리에게 좋은 일만 한 나라가 아니다. 우리를 구해준 나라면서 해를 끼친 나라. 양면이 있다. 우리가 구한말에 왜 일제 치하로 들어갔나? 중국을 먹으려고 유럽과 러시아가 싸우는 틈에 우리가 끼인 것이다. 미국과 영국이 일제 36년을 만든 출발점이다. 책임에서 자유로울 수 없다. 유럽이 중국을 어떻게 먹을까 고민하다가 청일전쟁에서 중국이 일본에 지니까 자신이 생긴 거지. 영국이 러일전쟁 때 일본에 무기를 댔다. 미국은 자금을 댔다. 일본이 이긴 것은 미국과 영국 덕분이다. 시어도어 루스벨트 미국 대통령은 우리가 누군지도 모르면서 일본 마음대로 하라고 넘겼다. 그 때문에 고종의 노력이 무의미해지고 말았다. 일본은 미국이 준 돈을 러시아 지하 세력에 대줬다. 이게 공산혁명으로 이어졌다. 미국과 영국이 돈을 대줘서 러시아 공산혁명을 일으키고, 일본의 태평양전쟁을 일으킨 셈이다. 멍청한 짓이다. 미국이 한국을 해방시키기 위해 제2차 세계대전에서 이긴 게 아니다. 일본이 태평양전쟁에서 패전하면서 자동으로 해방된 것뿐이지. 종전 뒤에는 미국이 빨리 한국으로 들어왔어야 하는데, 소련이 북한에 먼저 들어왔다. 소련은 1945년 4월에 태평양전쟁에 참전했다. 그리고 4개월 만에 북한을 전리품으로 차지했다. 당시 맥아더는 일본에 있었다. 38선도 미국 대령이 그은 것이다. 최소한 소장 정도는 했어야지. 슬픈 얘기다. 결국 한반도의 동서 냉전도, 남북분단도 강대국의 이해관계에 따라 벌어진 일이다. 미국은 한국전쟁 때 피 흘려 우리를 지켜줬지만 우리를 위해 희생한 게 아니다. 자기 것을 지키려고 온 거지. 미국에 가서 얘기할 때 너희는 우리에게 중요한 혈맹이지만 우리에게 아픈 과거도 남겨줬다. 우리만을 위해 무엇을 했다고 생각하지 말고 너희 이익을 위해 우리를 활용했다고 생각해야 한다고 말한다. 그런데도 친미, 반미로 나뉘어 싸우는 것은 정말 바보 같은 짓이다. 미국은 단 한 번도 맹목적으로 한국을 도와준 적이 없다. 자국에 이익이 되니까 도와준 거지. 그런데 역사책에는 미국이 나쁜 짓 한 건 다 빼고 좋은 일 한 것만 담았다. 한국 국민이 친미가 되는 것을 원한다면 미국은 한국이 좋아할 일을 해줘야 한다. 요즘은 미국을 어떻게 생각하느냐고 물어보면 트럼프도 왔다 갔다 하는데 우리도 왔다 갔다 해야 한다고 답한다.

동학혁명은 난이 아니다

한국 근현대사에 관해 나름대로의 관점을 갖고 있는 것 같다.

우리 근대사에서 가장 의미 있는 부분이 동학혁명이다. 프랑스대혁명과 같은 에너지를 갖고 있었다. 프랑스대혁명은 시민혁명이다. 그 과정은 간단하다. 이판사판이니까 한 거지. 적당히 했으면 안 했을 텐데 너무 하니까 일어난 것이다. 프랑스가 항상 영국의 식민지인 미국을 먹고 싶어 했다. 그래서 미국에 돈과 무기를 대줘 독립전쟁을 부추겼다. 하지만 미국이 입을 싹 씻을 줄은 몰랐지. (독립을 한 뒤) 그냥 땡큐 하고 끝난 것이다. 프랑스 국고가 고갈되고 루이 16세가 세금을 더 걷자고 하니까 시민들이 반발했다. 귀족들이 공청회에서 왕에게 책임을 넘겼다. 시민대표들이 왕에게 달려갔는데, 루이 16세가 군대를 시켜 밀어버린 거지. 그것이 시민혁명을 촉발시켰다. 포병 대위인 나폴레옹이 전쟁은 그렇게 하는 게 아니라고 나서며 황제로 즉위했다. 그에 비해 동학혁명은 순수했다. 평민들이 중심이 되어 국민이 중심이 되는 국가를 만들자는 생각이었다. 수탈당한 사람들이 새로운 나라를 만들자는 의지였다.

우리에겐 나폴레옹도 없었다. 하지만 우리 국민은 동학혁명을 농민의 난으로 배웠다. 외세를 이용해 동학혁명을 잠재운 역사의 패착인데. 성리학 하는 똑똑한 애들이 모여서 사대부를 만들고 이성계를 스카우트해서 세운 게 조선이다. 조선 말기에는 개들이 왕비 자리만 독차지한 게 아니라 왕도 무시하고 관직도 팔아먹었다. 대원군이 왕권을 잡고 나라를 다잡으려다 동학의 영향력이 커져가니까 청나라와 손을 잡았다. 개혁파가 이에 맞서 일본을 끌어들여서 청일전쟁이 일어났다. 대원군과 동학이 서로 대타협을 했으면 조선 역사가 바뀌었을 것이다. 한일합방 이후 1919년까지 암울한 시대는 무장 항쟁 세력과 계몽운동 세력, 이렇게 두 가지 큰 흐름으로 나뉘었다. 계몽운동 세력은 서재필 등 독립협회가, 무장항쟁은 동학혁명 세력이 두 축을 맡아 담당했다. 동학은 일부 세력이 일본의 돈을 받고 일진회로 변질되자 천도교로 이름을 바꾸었다. 그 정신이 3·1운동과 상해 임시정부로 이어졌다. 해방된 뒤 임시정부와 이승만이 힘을 합쳐 건국했다면 친일파 문제는 없었을 것이다.

친일파 청산 못한 게 최대 실수

해방 이후 친일파를 제대로 청산하지 못한 것이 역사적으로 큰 문제가 됐다.

친일 세력을 단죄하지 못한 건 정말 큰 패착이다. 근대사의 수많은 왜곡이 거기서부터 출발하기 때문에. 1945년 맥아더가 남한을 신탁통치하면서 이승만에게 정권을 세우라고 하다 보니 친일파를 단죄하지 못한 것이다. 1950년 한국전쟁이 일어난 뒤 지휘할 장군을 찾으니, 일본

군에 있던 사람들이 군의 중요한 자리로 갈 수밖에 없었다. 친일파를 단죄 못하니까 정권의 정통성이 자꾸 약화됐다. 이런 역사에 대해 우리 세대에서 깊이 생각하는 사람이 없다. 특히 젊은 세대는 역사에 관심이 없다. 그러다 보니 안 싸워도 될 문제로 싸우는 것이다.

친일파 청산에 실패한 것은 지금까지도 큰 논란거리다. 어떤 해법이 있다고 생각하나?

보수도 진보의 공격을 받지 않으려면 동학이 난이 아니라는 것을 인정해야 한다. 친일파를 단죄하지 못한 것은 잘못이라고 인정해야 한다. 상해 임시정부를 인정하고, 같이 건국했어야 했다고 말해야 한다. 그리고 광주사태(5·18 민주화운동에 대한 군부의 유혈 진압을 의미)는 일어나지 않았어야 했다고 말해야 한다. 청와대 경호실에서 군 생활을 할 때 10·26 사태가 발생하고 제대 직후 광주사태가 터졌다. 우리 직원들에게 "대한민국 군대는 시민들에게 총질하면 안 된다. 시민 상대로 자위권 행사는 말도 안 된다. 시민이 돌멩이를 던지면 국민의 군대는 (총을 쏘아서는 안 되고) 그냥 돌을 맞아야 한다"고 말한다. 보수는 그동안의 문제점을 인정하고 혁신해야 한다. 보수가 살려면 반드시 해야 할 일이다. 대신 과잉 민주주의 또한 경계해야 한다. 미국, 유럽은 보수와 진보 모두 독재와 과잉 민주주의를 싫어한다. 하지만 우리의 경우 진보는 "너희 그러다가 독재체제로 갈 수 있다"고 하고, 보수는 "너희 그러다가 과잉 민주주의로 갈 수 있다"고 한다. 우리나라의 보수와 진보는 다른 나라와 개념이 다르다. 올드 패션이다. 그렇다 보니 우리 국민을 둘로 갈라버린다. 서로 한발씩 물러나야 한다. 우리에게 중요한 것은 친미, 친중의 문제가 아니다. 모든 나라가 우리를 필요로 하도록 만드는 것이다. 미국·중국·일본·러시아가 우리를 무시하지 못할 때 남북문제도 풀릴 수 있다. 우리가 빌빌거리면 아무것도 안 된다.

다른 기업인들은 보통 역사나 이념 같은 민감한 문제에 대해 얘기하는 것을 부담스러워 하는데.

다른 회장들도 나보고 왜 그런 생각을 하느냐고들 한다. 그러면 나는 너희들이 국내 비즈니스만 하고 나처럼 해외 비즈니스를 안 하기 때문이라고 대답한다. 또 다른 회장들은 "서 회장은 좌파"라고 한다. 그러면 나는 "좌파가 아니라 집권파"라고 한다(웃음). 사람들은 문제인 정부가 들어선 뒤에 내가 강하게 말한다고 한다. 하지만 내가 평소부터 가졌던 생각이다. 우리나라의 미래를 위해서는 통합의 정치를 해야 한다. 말도 안 되는 것 가지고 우기거나 싸우지 않아야 한다. 가진 사람들이 좌파처럼 생각해야 한다. 그리고 없는 사람이 가진 사람을 인정하는 사회가 되어야 한다. 그래야 모두 살 수 있다. 뭘 더 지킬 게 있나. 이 정부에 빨갱이가 많다고 하는데, 내가 보면 없다. 민족주의가 있을 뿐이다. 내가 이렇게 말하면 사람들은 "그러니까 좌파라고 한다"고 말한다. 내가 "친북 세력이 어디 있나. (남북 간에) 안 싸우는 방법을 찾는 거지. 그런 이분법으로 접근하지 말자"고 하면, "정권 바뀌면 서 회장 큰일 난다"고도 한다. 직원 조회에서도 역사 얘기를 하면서 "한 제약 회사 회장은 말을 잘 못해서 사퇴했는데 내가 한 말 중에 제보할 말은 없지?"라고 물어봤다. 직원들이 "그런 것 없다"고 하더라. (내가 하는 얘기는) 정권과 무관한 내용이다. 우리가 다른 나라보다 유리한 점은 인구가 적다는 것이다.

5000만 명을 먹여 살리는 건 1만 명만 정신 차리면 가능하다. 1만 명 모으기 운동을 하면 된다. 1만 명만 자기 욕심보다 조직, 나라를 생각하면 된다. 1인당 5000명을 커버하면 된다. 1만 명 모으기 운동을 하자. 우리 그룹이 5000명을 채웠으니 추가로 5000명만 더 모으면 된다. 이런 말을 하면 직원들이 "제보당할 일은 없을 것 같다"고 한다.

일본 주재원이 야스쿠니에 가는 이유

셀트리온은 일본과도 비즈니스를 한다. 일본에 대해서는 어떤 생각을 갖고 있나?

역사를 모르면 일본과도 비즈니스를 못한다. 러일전쟁·청일전쟁·태평양전쟁이 왜 일어났는지, 일본과 맥아더가 어떤 협상을 했는지, 일본이 왜 미국의 딸랑이가 됐는지를 정확히 알아야 한다. 그래야 일본에 용비어천가를 불러도 정확하게 할 수 있다. 그냥 우리 식으로 용비어천가를 부르면 오히려 싸움이 된다. 그러다 보면 역으로 한국 역사를 알게 된다. 나는 일본 주재 직원들에게 먼저 야스쿠니신사부터 가라고 한다. 그리고 거기 가서 한국말은 쓰지 말라고 한다. 잘못하면 매 맞으니까. 그러면 직원들이 "회장님이나 거기 가서 한국말 쓰지 마세요. 저희는 안 써요. 저희가 회장님보다 영어 유창해요"라고 말한다.

야스쿠니신사에는 왜 가라고 하나?

신사에 가면 전쟁기념관이 있다. 그 기념관 정문에 지도가 있는데, 일본이 빨간색으로 칠해져 있다. 그런데 한국, 대만도 같은 빨간색이다. 모두 자기네 땅이라고 생각한 것이다. 일본은 제2차 세계대전이 끝날 때 한국은 토해냈지만 독도는 안 토해냈다고 생각한다. 이어도는 암초에 인공 구조물을 세운 것이니 무효라고 하고.

일본을 제대로 알기 위해 야스쿠니신사에 가라고 한 거네. 일본은 한국 외에도 러시아, 중국과도 영토분쟁을 하고 있다.

일본은 1945년 8월 15일에 항복이 아니라 종전 선언을 했다. 러시아 군대가 9월 중순 사할린 남부와 쿠릴열도를 차지한 것은 유효하지 않고 침략이라고 주장한다. (중국과 갈등 중인) 센카쿠열도 건도 마찬가지다. 일본 사람들은 일본군 초계기가 독도 영공을 저공비행한 것은 궁금해서이고 싸울 뜻이 없었다고 말한다.˙ 또 아베의 국내 정치용이라는 분석이 일본 언론에도 실렸다면서 한국이 너무 기분 나쁘게 생각하지 말라고들 한다. 제2차 세계대전 때 일본이 코너에 몰려서 군 수뇌부가 항복을 상의하던 중에 원자폭탄이 떨어졌다. 그때 만들어낸 말이 종전 선언이다. 일왕, 그들 말로는 천황이 국민을 사랑해 이길 수 있는 전쟁을 끝내기로 했다는 것이다. 일왕을 평화의 사도로 만들었다. 그냥 항복했으면 일왕은 전범이 됐을 텐데. 일본은 제2차 세계대전 중 행한 범죄행위를 그렇게 합리화했다. 가해자인 면도 있지만 평화를 선택했다면서

˙ 일본 방위성이 2018년 12월 20일 해상 자위대 초계기가 동해 해상 상공에서 우리 해군함 정정으로부터 사격용 레이더 조준을 당했다며 항의한 사건. 우리 해군은 조난당한 북한 어선을 찾던 중이었다며 조준 사실을 부인했다.

물타기한 거지. 우리가 아무리 얘기해도 일본 사람들의 생각은 바뀌지 않는다. 학교에서 그렇게 교육받으니까. 전 세계 언론 중에서 가장 납득이 안 되는 것이 일본 언론이다. 일본 언론은 비판성 기사가 아주 적다. 예컨대 아베를 비판하는 기사는 거의 본 적이 없다. 일본인들은 자국 역사에 대해 아는 사람도 별로 없다. 2019년 2월 일본에 가서 현지 채용 직원 60~70명에게 한국과 일본의 역사를 얘기한 적이 있다. 한일이 가장 가까울 수 있는 나라인데 멀어진 데는 이유가 있다고 했다. 일본이 한국을 해쳤잖아. 맞은 놈은 두고두고 기억하지만 때린 놈은 기억하고 싶지 않은 법 아닌가. 한국의 최대 무역 역조 국가는 일본이다. 한국은 대일 무역적자가 몇십 년간 지속되는 데도 뭐라고 안 한다. 한국을 이해하려고 노력하라고 얘기했다. 일본 애들은 역사가 선택 과목이라서 안 배웠다고 한다. 우리가 아무리 목소리를 내도 일본 국민에게 거의 전달이 안 된다.

일본에는 셀트리온 직원들이 얼마나 있나?

우리 주재원이 대리급 2명이고, 현지 채용인이 80명이다. 다른 한국 회사 주재원은 50대인데 우리 주재원만 30대 초반이다. 소수의 젊은 한국인 주재원이 다수의 일본 직원을 지휘하려면 알아야 할 비결이 있다. 그 사람들이 동의하고 따를 수 있도록 새로운 문화를 만들어야 한다. 그 사람들을 깍듯이 존중하고 의견을 다 들어줘야 한다. 무시한다는 생각이 들게 하면 안 된다. 어느 민족이든 나라든 한국, 즉 외국 밑에 있다는 걸 좋아할 사람은 없다. 우리에게 직장을 주었고, 존중받고 있다고 생각하도록 만들어야 한다. 우리 젊은 직원들이 그것을 배우는 데 오랜 시간이 걸린다. 한국 회사에서 근무하는 일본인은 한국말 공부를 한다. 웬만한 한국 욕은 다 알아듣는다. 우리 젊은이들은 그런 경험이 없다. 일본 출장만 가면 일본인 험담을 한다. 그런 것을 가르치지 않으면 우리 직원이 실수를 할 수 있다.

중국은 어떤가?

중국 정부의 고민은 딱 하나다. 내부의 저항이다. 이것을 어떻게 잠재우냐는 것이다. 저항을 없애려면 잘살게 해주어야 한다. 약은 쉬운 방법이 될 수 있다. 인민들에게 점수를 따기 좋으니까. 중국과 셀트리온이 서로 공감대를 형성해서 어렵다고만 하지 말고 함께 방법을 찾으면 된다. 비즈니스맨은 상대방에게 호감을 사야 한다. 욕하면 호감을 갖나? 용비어천가를 부르려고 해도 (역사와 문화를) 알아야 가능하다. 엉터리 얘기를 하면 오히려 반감만 얻는다. 우리 비즈니스맨은 상대방 국가의 가장 가려운 부분, 그들이 즐겁게 내 말에 동의할 수 있는 지점을 찾아야 한다.

PART
10

경제는
이데올로기가 아니다

서정진은 기업인이지만 항상 나라와 경제를 걱정한다. 그가 가장 강조하는 말이 경제에는 좌우가 없다는 것이다. 경제는 이데올로기가 아니라 실용주의라고 말한다. 정권이 바뀌어도 기업인이 마음 놓고 사업할 수 있는 통합의 정치도 주문한다. 서정진은 나라 경제를 살리고 위기를 극복할 아이디어를 찾는 데도 열심이다. 정부와 기업의 관계를 운동경기의 감독과 선수에 비유하며, 40대 그룹 투자 이어달리기로 국민에게 희망을 주자고 제안한다. 돈 많은 회장들이 좌파적 생각을 해서 어려운 사람들을 배려하는 대신, 없는 사람들은 가진 사람을 증오하지 말고 인정해야 한다는 주장도 편다. 코로나19의 대유행은 과거 우리가 경험하지 못한 큰 위기다. 하지만 서정진은 2년만 슬기롭게 참고 우리가 할 일을 하면 오히려 기회가 될 수 있다고 자신한다. 코로나19 위기 극복과 한국 경제 혁신을 위한 종합 대책도 내놓았다. 사회적으로 논란이 큰 조세, 복지, 고용 문제는 OECD 평균치를 벤치마킹해보자는 아이디어도 참신하다. 서정진은 기업인이지만 돈 버는 것만 생각하는 일반 기업인과는 많이 다르다.

경제는 실용주의다

기업인들의 1차적 관심사는 회사 걱정이다. 하지만 서 회장은 평소 나라 경제에 대한 얘기를 많이 한다.

우리가 고쳐야 할 게 있다. 경제는 이데올로기가 아니다. 경제는 실용주의다. 그리고 경제는 분위기다. 경제를 자꾸 화두로 올리면 안 된다. 찬물 끼얹는 짓을 안 해야 하는 거야. 찬물을 끼얹으면 돈 쓸 사람이 안 쓰려고 하거든. 경제는 어느 누구의 소유가 아니라 국민 전체의 것이다. 경제를 위한다면 극단적이거나 비관적인 얘기는 안 했으면 좋겠어. 그런 캠페인을 하고 싶다. 우리나라 경제를 살리려면 외국이 보기에 한국에 투자하는 게 베스트라는 생각이 들게 해줘야 한다. 한국과 사업해본 애들이 미국 유럽보다 더 좋다는 얘기를 전 세계를 돌아다니며 하도록 해야 한다. 정권 따지지 말고, 좌파 우파 얘기하지 말고 우리 회사 살리기 운동을 하자. 그러면 국가가 산다.

경제는 이데올로기가 아니라는 것을 강조하는 이유는?

정권이 바뀌면서 변화가 일어나는 것은 좋은데 정책의 연속성을 끊으려 들면 안 된다. 통합의 정치를 못하면 한국도 부자들이 떠나게 된다. 기업가들이 가장 쉽게 기업 하는 방법이 새끼돼지(소기업)를 길러서 중

돼지(중기업) 때 팔아 현금을 챙기는 것이다. 반대로 가장 힘든 건 돼지 농사(중소기업을 대기업으로 키우는 것)를 하는 거다. 돼지 농사를 짓는 사람이 많아야 한다. 그래야 농장이 번성한다. 최근 기업인들이 기업을 팔겠다고 하는 것은 심상찮은 조짐이다. 미국이나 유럽에는 돼지 농사 짓는 기업가가 거의 없다. 한국 기업가만 돼지 농사를 짓는다. 한국만의 장점이다. 너나 나나 지킬 게 뭐가 있나. 우리 이익을 아무리 지키려 해도 규제 감독기관들은 항상 세밀히 조사하게 되어 있다. 그럴 때는 조사를 생활화하고 묵묵히 우리 일을 하자. 그러다가 잘못되면 옥고를 치를 수도 있다고 생각하자. 회사만 안 망하면 되지. 이런 얘기를 했더니 파운더들이 "(감방에) 갔다 왔느냐"고 묻는다. 그래서 "갈 뻔했다"고 대답했다. 경제위기를 어떻게든 극복해야 하고, 정치권은 통합의 정치를 해야 한다. 문제를 수습하는 데 있어 정부가 아웃사이더가 되면 안 된다. 방관하면 해결할 길이 없다. 이런 얘기를 들은 회장들이 나보고 좌파라고 하더라. 그래서 좌파 대신 집권파라고 하라고 했다. 경제에 좌우가 어디 있나. 경제는 철저히 실용주의인데. 경제인을 좌우 이데올로기로 보기 시작하면 기업이 연속성과 일관성을 갖지 못한다.

40대 그룹 투자 이어달리기

2020년 11월 18일 문재인 대통령도 참석한 행사에서 인천 송도 연구센터와 3공장 건립에 5000억 원을 투자한다고 발표했다. 삼성바이오로직스도 1조 7400억 원을 투자해 4공장을 짓기로 했다. 한국 바이오산업의 전망은?

셀트리온과 삼성바이오로직스의 투자를 통해 인천 송도에 바이오밸리가 구축된다. 전 세계 제약산업 규모가 1800조 원이다. 바이오가 반도체·자동차처럼 국가 기간산업의 하나로 자리 잡게 될 것이다.

2019년 5월 셀트리온이 2030년까지 40조 원을 투자하고, 1만 명을 고용하겠다는 발표도 했는데.

이재용 삼성전자 부회장이 향후 10여 년 동안 시스템 반도체의 연구·개발, 생산시설 확충에 133조 원을 투자하기로 했다.* 삼성과 SK의 비메모리반도체를 합치면 200조 원을 투입해야 한다. 삼성에 왜 투자 계획을 발표했느냐고 물었더니 특별한 의도가 있는 것은 아니라고 하더라. 삼성이 발표하니까 나도 안 할 수가 없었다. 금액이 너무 적으면 안 되니까 늘려서 발표했다. 그래서 2030년까지 40조 원을 투자하기로 한 거다. 삼성바이오로직스에도 물어보니 비슷한 규모의 투자가 가능하다고 했다. 그럼 두 회사가 바이오산업으로 인천에서 10만 명의 고용창출이 가능하다. 국민에게 희망이 생긴다. 발표한 기업은 국민과의 약속을 지켜야 한다. 정부 관계자를 포함해 여러 인사들이 모인 자리에서 산업을 다시 리세팅하자고 했다. 파급력이 가장 큰 것을 정책과제로 해야 한다. 아웃사이더로 남아 있으면 안 된다는 걸 명심해야 한다. 진보·보수 구분 없이 다 뛰어 나와야 한다. 회장들은 먹고사는 데 지장 없다.

• 삼성전자는 이 같은 내용이 담긴 '반도체 비전 2030'을 2020년 4월 24일 발표했다.

회장님들이야 걱정 없지만 일반 국민의 삶이 문제지. 특히 소득이 낮은 취약계층이 걱정이다.

어느 날 회사가 있는 송도의 한 식당에 갔더니 주인이 회장님과 직원 덕분에 먹고산다고 고마워하더라. 우리 직원들에게 1인당 120만 원씩 쓸 수 있는 복지카드를 주고 있다. 가족들하고 밥 먹으라고. 우리 직원의 80%가 송도에 산다. 1인당 회식비 100만 원을 주면 몇백억이 된다. 송도에 있는 1000개 식당의 매출에 기여할 것이라고 생각했다. 그런데 직원들의 지출 실적을 점검했더니 회식비를 안 쓰는 거야. 팀장이 회식한다고 하면 직원들이 싫어한대. 그래서 내가 직원 조회에서 밥 사달라고 해서 예산 주니까 밥 안 사먹는 건 뭐냐고 그랬다. 너나 나나 먹고 살 만하지만, 나라 경제가 있다는 전제 하에 회사와 우리가 있는 것이니 돈을 쓰라고 했다. 최근에 식당에 갔더니 주인이 90도로 인사를 하더라. 우리 직원들이 가족들 데리고 많이 온다고. 대기업이 돈을 쓸 때다. 지금 자영업자들이 어렵다고 하는데 '자기 동네 상권 자기가 살리기' 운동을 해야 한다. 직원들에게 수백억 줬다고 해서 회사 손익이 왔다 갔다 하는 건 아니다. 돈을 가지고 있는 쪽은 아무것도 안 하고, 돈이 없는 쪽만 내수 살리자고 하면 나라 경제가 살아나겠나.

기업이 투자 계획을 발표해도 국민이 반신반의하는 경향이 있다. 과거에는 정부의 요청으로 기업들이 보여주기식 투자 계획을 발표하는 일도 있었다. 셀트리온의 투자액을 늘려서 발표했다고 했는데, 실현은 가능한가?

셀트리온은 현금성 자산 2조를 보유하고 있다. 빚은 6000억 원에 불과하다. 나는 2조 이상 들어오는 현금은 쌓아두지 말고 기술 투자를 하라고 한다. 그게 안 되면 뭔가 사오기라도 하라고 한다. 우리가 은행인가? 이자 안 나오는데 현금 쌓아놓게. 그래도 우리 애들은 현금이 넉넉히 있어야 한다면서 3조는 필요하다고 한다. 하지만 넉넉히 봐도 2조면 된다. 셀트리온이 10년간 최대한 확보할 수 있는 게 32조인데 좀 더 공격적으로 40조로 발표하라고 했다. 나는 2020년 말 은퇴하니까 나머지 8조는 남은 사람들이 책임져야 한다. 32조나 40조나 무슨 큰 차이가 있겠나. 내가 전망해보니 영업이익의 40%를 2030년까지 모으면 32조가 나온다. 10조는 유헬스 쪽에 투자할 것이다. 핀란드와 2년 전부터 논의 중이라 조만간 계약 전 단계까지 추진한다. 테마섹에도 셀트리온홀딩스에 10조나 30조를 투자해달라 요청했다. 셀트리온홀딩스가 셀트리온 경영권을 갖고 있는 데다, 유헬스까지 하면 테마섹에 이득일 거라고 말했다. 내가 돈을 많이 벌어줬기 때문에 내 말을 믿는다고 했다. 때가 되면 6개월 전에 미리 얘기하라고 하더라. 오케이 했다. 방향은 맞지 않냐고 했더니 그렇다고 하더라. 그래서 40조로 발표한 것이다. 기업이 돈을 왜 버나? 쓰려고 번다. 직원을 주든지, 주주를 주든지, 투자를 하든지 해야 한다. 쌓아놓는 것은 웃기는 얘기다. 우리가 살아나려면 산업을 빨리 재건축해야 한다. 정부가 비메모리 반도체, 바이오, 미래형 자동차 등 세 꼭지는 잡았다. 정부는 경제를 만들 수 없고, 촉진하는 역할이다. 경제는 주체들(기업)이 하는 것이다. 우리나라 산업 발전은 인류 역사상 전례가 없다. 박정희 때는 저임금으로 버틴 것이다. 두 번째는 잔머리로 버텼다. 이제는 생각을 깊게 해야 한다. 저임금과 잔머리엔 한계가 있다. 막대한 투자가 필요하다. 기술과 지식은 국경이 무너졌다. 우리에게 없으면 사오거나 데려오면 된다. 강점은 대기업에 현금이 많다는 것이다. 결정만 하면 된다. 기업들이 투자 이어달리기를 해야 한다. 불이 붙어야 한다.

과연 다른 기업들이 투자 이어달리기에 호응을 할까?

현대차에도 물어보았더니 이미 했다*고 하더라. 그래서 다시 하라고 했다(웃음). 재계 1위인 삼성이 했고, 45위인 셀트리온이 했으니 2등부터 40등까지 이어달리기 하자. 그러면 장송곡 그만 틀지 않겠나. 장송곡 튼다고 경제가 살아나겠나. 하지만 40대 그룹이 투자 이어달리기를 한다면 다르다.

기업들은 과도한 규제 때문에 창업이나 투자가 힘들다고 불만이다. 최근 '타다'의 차량 공유 서비스가 사회적 논란이 됐는데.**

다른 나라에서는 우버가 잘된다. 이유는 하나다. 그들 나라는 택시가 공영제라 보조금을 준다. 개인택시가 없다. 우리나라는 택시가 큰 권리이자 프리미엄이 있는 개인 재산이다. 타다가 나오면 자기 재산이 감소 내지 사라질 위기에 처한다. 저항이 있는 게 당연하다. 과거 증기기관차가 디젤기관차로 바뀔 때 철도청 직원이 결사반대했었다. 일자리를 잃을까 봐 걱정한 것인데 안전성을 핑계로 삼았다. 마차 시대에서 자동

- 현대차그룹은 2019년부터 2023년까지 5년간 45조 3000억 원 투자 계획을 발표했다.
- 서울중앙지방법원 형사18단독(박상구 부장판사)은 2020년 2월 19일 여객자동차 운수사업법 위반 혐의로 기소된 타다 운영업체 브이씨엔씨(VCNC)의 박재욱 대표와 모기업인 쏘카 이재웅 대표에게 무죄를 선고한 바 있다. 타다가 면허 없이 불법 콜택시 영업을 한다는 검찰 주장과 운전기사가 딸린 렌터카 대여 서비스를 제공했다는 타다 주장이 팽팽히 맞서왔다.

차로 바뀔 때도 마부들이 반대했다. 우버는 우리나라에서 불법이다. 라이선스를 가져야 택시로 사용 가능한데, 타다도 하려면 정부 승인을 먼저 받아야 했다. 검찰이 이재웅 타다 대표를 기소한 것은 사실 국토부를 기소한 것과 마찬가지다. 빨리 법을 고치라는 얘기지. 그런 절차를 거쳐서 대타협을 하고 공생해야 한다. 패러다임의 진전을 이뤄야지 그냥 출동만 하면 안 된다. 돈 벌려고 새로운 사업을 하는 것인데 그것 때문에 다른 사람이 피해를 본다면 물어줘야지.

청와대 '기업인과의 대화'

2019년 1월 청와대에서 열린 기업인과의 대화 행사에서 문재인 대통령과 함께 있는 모습이 화제가 됐다.

청와대에서 대통령을 모시고 산책하는데, 이재용 삼성 부회장 외에는 앞으로 나서는 회장이 없었다. 모두 (앞에 나서서) 좋을 게 없다고 생각한 거지. 그러다 보니 유튜브로 생중계되는 상황에서 내가 얼떨결에 앞으로 나간 거야. 얘기하려고 미리 준비한 게 있는 것도 아니어서 애를 먹었다. 현정은 현대 회장이 "대통령님, 건강은 챙기십니까" 하고 물었는데, 대통령이 "못 챙긴다"고 답하고는 그냥 끝이야. 내가 할 수 없이 "제가 제약 회사를 하니까 약은 드릴 수 있는데 약은 다 부작용이 있다"고 말했어. 현 회장이 "불면증에는 수면제를 먹어야 한다"고 하기에 내가 "수면제는 부작용이 있으니 제일 좋은 방법은 졸릴 때까지 일을 하는 것"이라고 덧붙였다. 그랬더니 대통령이 웃으셨어. 내가 졸지에 기쁨조가 된 거지(웃음). 밀려서 앞으로 나갔는데, 준비한 게 없으니 농담 같은 말만 하다가 언론에 두들겨 맞았지 뭐.

"주 52시간제를 해도 셀트리온 연구원들은 짐을 싸들고 집에 가서 일하고 양심고백은 안 한다"고 말한 부분 말인가? 일부 언론은 정부의 노동시간 단축 정책에 대한 불만 아니냐고 보도했다.

우리 연구원들에게 한국인의 근성이 있기에 우리나라의 경쟁력이 있다는 얘기를 한 것이다. 청와대 팀도 (그 말을 듣고) 모두 행복해했다. 버스를 타고 청와대에서 나오는데, 기자들이 차가 있는 남대문으로 몰려들 테니 대신 경복궁으로 가자는 거야. 그런데 거기도 300~400명의 기자들이 기다리고 있었지. 회장들이 아무도 안 내리려고 해. 다른 회장들에게 내리자고 하니까 다들 눈치만 보더라. 결국 나 혼자 내렸잖아. 기자들이 연구원들이 양심선언 안 하는 것을 어떻게 생각하느냐고 물어. 내 입장은 완전히 꼬였지만 청와대는 처음부터 (내용을) 이해했고, 내가 노력했다는 건 알고 있다.

기업인이 해야 할 네 가지 일

40대 그룹 투자 이어달리기를 제안했는데, 지금 기업인들이 꼭 해야 할 일이 무엇이라고 생각하나?

네 가지가 필요하다. 국제경쟁력을 갖춘 기업은 혁신을 잘하는 것이 첫 번째다. 기업가가 변해서 불신의 시대에 종지부를 찍는 게 두 번째다.

애초부터 좋은 기업과 좋은 사람은 없다. 하다 보니 도덕적으로 용납될 짓 못될 짓 다하게 되지만, 더 나빠지지 않으려고 노력하는 사람이면 된다. 이 나라의 미래를 위해 후배들을 기르는 것이 세 번째다. 그중 제일 중요한 게 차세대 산업을 육성하는 것이다. 네 번째로 더불어 사는 사회를 만들어야 한다. 제일 어려운 숙제인데, 어차피 정답은 없다. 가진 사람이 희생하고, 없는 사람에게 나눠줘야 한다. 그룹 회장들이 진보적인 생각을 가져야 한다. 대신 없는 사람은 가진 사람을 인정해야 한다. 도움을 받았고 세금을 많이 내니까. 갈등 상태여서는 안 된다. 얼마 전 뉴욕 맨해튼 사람들이 와서 내 지분의 절반만 엑시트(exit, 투자자금 회수)하라는 제안을 했다. 사장들과 상의했더니 현금화하자고 그러더라. 그동안 공매도 세력에 시달렸으니 농담으로 우리도 공매도나 치자는 얘기도 나왔다. 지금도 이 일을 왜 해야 하느냐는 질문을 나 자신에게 한다. 결론은 간단하다. 어차피 정답은 없는 것이니, 막힐 때마다 한 발 한 발 가다가 상황이 바뀌면 또 가는 것이다. 그게 답이다.

정부와 기업의 관계를 운동경기의 감독과 선수에 비유하기도 했는데, 기업인들이 열심히 뛸 생각을 갖도록 하는 게 선결과제인 것 같다.
며칠 전 한 그룹 회장이 운영하는 식당에 갔다. (같이 식사하는 사람들 중에서) 불평불만이 나왔다. 내가 (불평) 그만하라고 했다. 식당 직원들이 들으면 실망한다고. 우리는 불평불만도 말 못하느냐고 하더라. 그래서 하고 싶으면 다른 곳에 가서 하라고 했다. (경제 살리기에) 동참을 하자고 해도 (기업들이) 잘 응하지 않는다. 다음에 보수가 정권을 잡든 진보가 잡든 문재인 대통령보다 선한 사람이 나올 확률은 없을 것 같다. 저 양반보다 능력은 더 있을지 몰라도 더 착한 대통령이 나오기는 힘들 것 같다. 그러면 보수, 진보 이념 구분 없이 대통령이 말하는 공정한 사회, 정의로운 사회는 만들어야 하는 것 아니냐. 그것에 동참하자고 강조한다. 그렇게 만들어놓으면, 다음 사람이 누가 되든 우리나라를 끌고 갈 수 있고 한 단계 진보할 것 아닌가. 서로 상처를 내서 망가뜨리고, 그 후에 부족한 사람이 그 자리에 앉는다면 우리나라는 비전이 없다. 확실한 것은 변해야 한다는 것이다. 그래야 불신이 없어지고 신뢰 회복이 가능하다. 시스템도 국제 스탠더드에 가깝게 더 선진화해야 한다. 그 과정 중의 진통을 어떻게 최소화할 것이냐가 남아 있는 숙제다.

정부가 국민을 가르치려 하면 안 된다

기업인이 뛸 생각을 갖게 하려면 정부의 역할도 중요할 텐데.

정부가 국민을 가르치려 하면 안 된다. 양해를 구해야지. 국민 위에 군림하려고 하고 우매한 백성 가르치듯이 하면 안 된다. 정부에서 교수 출신들이 너무 나서는 것도 잘못이다. 교수는 학생들 가르치는 사람이다. 교수들이 앞에 나서려면 먼저 전 세계가 인정하는 자기 이론을 만들어야 한다. 지금의 (경제가 어려운) 현상은 본인들이 만든 것 아닌가? 경제 정책을 자기들이 주도했으니 책임을 피할 수 없다. 왜 그런 일이 벌어졌을까 고민해야 한다. 가르치려고 하면 안 된다. 진솔한 대화를 해야 한다. (정부가) 이쪽으로 가려면 이런 역할이 필요하니 도와달라거나 (기업의) 요청 사항 중에서 이런 것은 바로 잡을 테니 나머지는 이해

해달라고 상의해야 한다. 그냥 호출하듯이 부르면 다들 뒤에서 욕을 한다. 교수 출신들이 기업인들에게 오라고 하면 나라도 가고 싶지 않다. 청와대가 부회장들을 부르기도 하는데, 그룹에서는 회장이 승인하지 않는 것을 부회장이 할 수 있는 경우는 많지 않다.

문재인 대통령이 2019년 초에도 기업인들을 잇달아 만났는데 효과가 있었다고 보나?

대통령이 기업인 한두 번 만났다고 경제가 돌아가면 누가 못하겠나? 돌아갈 때까지 만나야 한다. 산업별로도 해야 한다. 제일 좋은 게 회장들이 직접 말을 하도록 하는 것이다. 대통령 앞이나 회의장에서뿐만 아니라 언론 앞에서 말하도록 해야 한다. 국민에 대한 약속이니까 지킬 수밖에 없게 된다. 그렇게 움직이게 해야 한다. 그러지 않으면 계속 경제는 악화될 수밖에 없다.

문재인 정부의 소득주도성장 정책을 둘러싸고 논란이 적지 않다.

소득주도성장과 혁신성장은 수레의 두 바퀴다. 실과 바늘이다. 소득주도성장은 혁신성장과 함께 우리도 가야 할 길이다. 그것 때문에 (경제가) 나빠진다는 것은 말이 안 된다. 과거 정권을 보더라도 소득주도성장이 없었던 때가 있었나. 표현만 달랐지. 한쪽에서는 끌어주고 다른 쪽에서는 분배한 것 아니냐. 그렇게 밸런스 맞추고 양극화를 해소하는 것이다. 공정경제는 기본 베이스다. 그런데 (정부는) 소득주도성장 하나만 너무 강조했다. 정책에 미스가 있었다고 확실히 인정해야 한다. 첫 단추가 잘못됐으면 단추를 다 풀고 다시 채워야 한다. 문재인 정부가 들어선 뒤에 어느 그룹이나 총수가 표적이 되어 조사를 받은 적은 없다. 사실 이명박·박근혜 정부 때에 비해 거의 노터치다. 정부가 때린 적도 없는데 (회장들은) 매우 냉소적이다. 뭐라고 한 적도 없는데 욕을 얻어먹는다. 황당한 일 아닌가? 그러니까 정부가 무엇을 고치면 되냐고 물어도 할 말이 없다. 한 것이 없으니까. 정부 사람들에게 국민의힘에 오히려 고마워해야 한다고 말했다. 야당에 정책대안을 제대로 내놓는 사람이 있으면 정세를 완전히 뒤엎을 수 있었을 텐데. 보수가 진보를 두려워했던 것은 진보의 가치 때문인데 조국 사태로 큰 상처를 입었다. 야당 입장에서는 "우리가 그동안 잘못이 많았다. 이를 보고 반성의 기회로 삼겠다"고 말해야 했다. 야당 중진들 중에서 업보가 많은 사람은 불출마해야 한다. 대신 새로운 보수로 혁신하는 데 밀알이 되겠다고 나서야지. 보수에 이런 말을 했더니 받아들이는 사람이 없더라. 진보에도 이런 얘기를 했는데 절대 그런 일은 일어나지 않는다고 하더라. 우리 모두 먹고사는 데 지장 없는 사람들이지만, 나라가 고민이다. 먼저 정부가 잘돼야 한다. 남은 임기 동안 국가 미래에 도움이 돼야 한다. 두 번째로 국론 분열을 막는 움직임을 태동시켜야 한다. 지금은 광장에서 서로 쪼개지는 일만 한다. 이와 반대로 모이자는 이야기가 나와야 한다. 셋째, 진짜 심각한 것은 가해행위를 한 적이 없는데 마치 엄청난 가해행위가 있는 것처럼 등을 돌리는 현상이 왜 생겼는지 정부가 생각해야 한다. 국가 경영도 동조자가 있어야 할 수 있다. 방관자만 있으면 경영이 되나? 어떻게 동반자로 만들 것인지 연구해야 한다. 안보, 국방보다 경제가 어렵다. 제일 중요한 건 참여시키는 것이다. 자발적 참여가 돼야 지휘가 가능하다. 그렇게 못하면 원맨쇼에 그칠 뿐이다.

자발적 참여를 어떻게 이끌어낼 것인지가 관건이다.

충북에서 무예마스터십 대회가 열렸는데, 충북지사가 공동위원장을 맡아달라고 했다. 행사가 성공하려면 관중이 와야 한다. 경기가 재미있으면 되는데 그렇지가 않다. 형님이 해보라고 하기에 충주 운동장에서 개인 돈 3억 원을 들여 가수 콘서트를 열었다. 충북 사람들이 좋아할 가수를 불렀더니 1만 8000명이나 왔다. 그렇게 모인 건 임진왜란 이후 처음이라더라. 마이크 잡고 올라가 감사하다고 인사했다. 충주에서 하는데 IOC 위원이 왔으니 시민들이 도와달라, 충주에서 이런 행사 하니까 얼마나 좋냐, 내년에도 한 번 더 하겠다고 약속했다. 우레 같은 박수가 터졌다. 폭죽만 내 돈으로 3000만 원 어치를 쐈다. 3일간 행사장을 쫓아다녔다. 대성공으로 끝났다. 충북지사가 나더러 정치하라고 하기에 왜 그러냐고 물으니까 선동 능력이 탁월하다고 했다. 그래서 그런 것 없이 행사하면 어떻게 사람을 모으겠느냐. 모든 게 참여라고 대답했다. 진보적 발전 방향으로 참여시키는 게 경영이다. 중구난방은 무질서다. 지금은 참여의 반대인 냉소 상태. 운영의 묘가 없다. 참여시키는 방법은 달리 정답이 없다. 그저 스킬이다.

야당은 잘하고 있다고 보나?

현 정권이 오래갈 것 같냐고 물으면 많은 사람들이 글쎄라고 하면서도, 야당이 하는 걸 보면 그럴 수도 있을 것 같다고 말한다. 현 정권 임기가 아직 남았다.* 또 다음 대선에서 정권이 바뀌지 않으면 5년을 더 기다릴 것인가? 문제는 그사이에 기업들이 망한다는 거다. 경제위기의 본질은 산업 위기다. 그게 1년 만에 온 게 아니다. 과거 정부 때부터 시작해 오래된 문제다. 경제위기를 정확히 봐야 한다. 아니면 오판한다. 차라리 지금부터라도 기업들이 뛰는 게 낫지.

V자가 아닌 U자 또는 W자형 경기회복

코로나가 경기에 미치는 영향과 대응을 주제로 국회에서 강연을 했는데.[**]
민주당 의원들의 공부 모임에서 한 것이다.

코로나는 언제 종식될 것으로 보나?
백신과 치료제 개발만이 유일한 해법이다. 2021년 상반기에는 개발과 상업화가 가능하지만 완전 종식은 어렵다. 빨라야 2021년 하반기는 돼야 한다는 게 현실적인 전망이다. 바이러스의 변이와 변종 발생이 변수다. 이런 경우 코로나 종식은 1년 이상 더 늦어진다. 감염이 아프리카까지 번졌다. 백신과 치료제가 전 세계를 대상으로 공공재로 보급될 수 있느냐가 또 다른 중대 변수다.

코로나가 장기화될수록 경제적 어려움도 상당 기간 이어질 수밖에 없을 텐데.
경기가 V자형으로 회복하는 것은 불가능하다. U자나 W자 모양이 현

- 발언 시점은 2019년 5월.
- 서 회장은 2020년 6월 30일 국회의원 회관에서 민주당 의원들의 공부 모임인 경국지모 (경제를 공부하는 국회의원 모임)에 참석했다.

138

실적이다. 코로나 영향이 상당 기간 지속될 것이고, 최악의 경우 (2022년 상반기) 대선 국면까지도 갈 수 있다. 한국은 상대적으로 유리하지만 우리의 주된 수출 시장인 미국, 중동, 남미, 아시아 등 모두가 확산세다. 향후 불확실성이 더 커질 것이다. 현실적 관점에서 산업별로 예상 피해를 감안한 국가적 대응 전략이 필요한데, 지금은 너무 낙관적이다. 다시 짜야 한다. 소수 엘리트들 위주로 전망하다 보니 현장과 괴리됐다. 비대면 산업, 제약 바이오 등과 같이 코로나가 기회 요인으로 작용하는 산업도 있다. 하지만 이 분야는 고용 규모가 작다. 항공·중공업·자동차 등 위기 업종의 피해 예측 데이터를 보면 누가 작성했는지 현실성이 떨어진다. 나에게 실상을 물어본 사람도 아무도 없었다. 내수 소비재의 상황은 좋을 거라고 하는데, 2020년 하반기 이후 소비 구매력 약화가 재차 심각해질 가능성이 있다.* 응급조치로 재정 확대, 양적완화, 미래 산업에 대한 선제적 투자를 하는데 이런 건 다른 나라도 다 하는 것이다. 피해를 최소화하려면, 고용유지를 절대 과제로 두고 국민적 합의·통합을 바탕으로 대응하는 자세가 필요하다.

2020년 6월 노사정 대화를 통해 전 국민 고용보험 입법 추진, 고용유지를 위한 노사 간 노력과 정부의 지원 강화에 대한 합의안이 만들어졌는데 민주노총의 거부로 빛이 바랬다.
노사정 대화 수준을 넘어 국민 전체와 협의해야 한다. 2020년 8월 말 이

• 2020년 8월 코로나19 재확산이 현실화되면서 서정진 회장의 예측이 들어맞았다.

후에는 곡소리가 날 텐데 지금 한가한 소리를 할 때가 아니다.* 정부가 상반기만 지나면 위기가 끝날 것처럼 얘기했는데 어떻게 감당할지 모르겠다. 국가 고용정책에 있어서는 제조업의 건실함이 근본이자 최대 핵심과제다. K쇼어링**도 강조할 필요가 있는데 아무런 대책이 없다. 수도권 규제를 재검토해야 한다. 인센티브제를 신설해야 한다. 지역 균형 발전 방안을 현실성 있게 재조정해야 한다. 기간산업 안정기금도 최악의 상황을 고려해 선제적으로 검토해야 한다. 4차 추경까지 필요할 수 있다.*** 노사갈등에서 협력시대로 바뀌어야 한다. 전 세계가 선호하는 기업하기 좋은 나라로 대반전을 이뤄야 한다. 그러려면 노동시장의 유연성을 높이고, 규제와 조세도 국제 수준으로 재정비해야 한다. 정책도 정권이 바뀔 때마다 바꾸지 말고 일관성을 지켜야 한다. 홍콩의 불확실성을 기회로 삼아 국제금융 허브를 유치해야 한다. 인천 무의도 등을 금융실명제 예외 지역으로 인정하는 방안도 검토할 수 있다. 사회적 대통합 운동도 제안했다. 코로나 사태가 기회다. 희망을 줘야 한시적 고통 분담이 가능하다. 복지수준의 선진화를 통해 경제·사회적 기회 상실에 따른 박탈감과 소득 불균형을 줄여야 한다. OECD 평균으로 조세, 복지, 노동시장의 유연성 수준을 맞추자. 진보·보수 타령은 그만하고 실용주의로 가자. 소득 불균형을 해소하려면 재원이 있어야 한다.

- 서정진 회장의 발언 시점은 7월 말인데, 실제 10월 이후 제3차 대유행이 시작되면서 위기감이 커지고 있다.
- Korea(한국)와 reshoring(리쇼어링)의 합성어. 해외에 나가 있는 한국 기업을 각종 세제 혜택과 규제완화를 통해 자국으로 불러들이는 정책.
- 서정진 회장이 이런 말을 한 것은 2020년 7월인데, 실제 2개월 뒤인 9월 22일 7조 8000억 원 규모의 4차 추경안이 국회를 통과했다.

돈 내는 사람이 뺏긴다는 마음이 아니라 즐거운 마음으로 내도록 해야 한다. 진보니 보수니 하는 단어는 빼자. 국익에 도움 되는 실용주의가 정말로 필요한 때다. 제2 건국에 준하는 변화를 이뤄내야 하고, 땜질 정책은 그만둬야 한다.

코로나 극복과 한국 경제 혁신을 위한 종합 대책을 내놓은 셈이네. 민주당 의원들의 반응은 어땠나?
여당 의원들에게 강의하는 것 치고는 내용이 세다고 하더라. 그래도 틀린 말은 없으니(웃음).

OECD 평균 수준을 벤치마킹하자는 제안이 눈길을 끈다. 조세, 복지, 고용시장 유연성 수준 같은 사회 · 경제적 쟁점마다 좌우, 진보 · 보수 간의 시각차가 너무 커서 합의가 어려운데, 한번 해볼 만할 것 같다.
특히 OECD 평균 수준으로 세율을 정하는 방안을 강조하고 싶다. 올릴 것은 올리고 내릴 것은 내려서, 거기서 나오는 재원을 가지고 복지수준을 올리면 빈부격차를 줄일 수 있다.

우리나라의 소득세 최고세율이 OECD 평균보다는 높은데, 우리나라와 비슷한 규모의 OECD 회원국과 비교하면 오히려 낮다. •
OECD 국가에서는 우리나라 같은 면세구간이 없다. 전 국민이 세금을

• 소득세 최고세율은 10억 원 초과 구간의 45%다. 정부는 최고세율이 적용되는 부자를 12만 명으로 예상한다.

낸다. 우리나라의 경우 소득세를 내지 않는 국민이 너무 많다. 반면 소득세 최고세율은 지방세와 의료보험까지 감안하면 실제로는 53% 정도 된다. 이 구간에 속하는 사람은 전 세계에서도 무척 높은 세율로 세금을 내는 것이다. 그런데 그런 사람의 숫자가 얼마 안 되니까 조세 저항이 강하지 않은 거다.

상속세 문제도 제기했나?

했지. 상속재산을 국가와 가족이 반반씩 나누자고. 안 그러면 기업이 모두 중국으로 넘어간다고 했다.

여당 의원들이 뭐라고 하던가?

그러면 (기업이 중국으로 넘어가면) 안 된대. 그럼 빨리 고치라고 했다. 나도 이민을 갈 자유가 있는 국민 아니냐고 했다. 65살 이상은 이중국적을 가져도 상관없다고 하니까 그런 법이 있냐고 놀라더라. (상속세에) 문제가 있다는 데는 모두 동의한다.

상속세 최고세율에 경영권 프리미엄 할증률을 더하면 65%여서 명목상 높은 것은 부인할 수 없다. 하지만 재벌 총수 일가의 재산형성 과정이 불투명하다 보니 상속세 인하는 특혜라는 부정적 인식이 강하다. 재벌 특혜론을 불식시킬 대안이 필요하다.

상속세율은 높지만 정작 실제 세수는 얼마 안 된다.

연간 1조 원 정도로 전체 세수의 1%에 못 미친다.

세율만 높여놨지 상속세는 걷히지 않는다. 나보고 지금 상속세 내라고 하면 전체 재산 15조 중에서 10조는 내야 한다. 곽 논설위원 같으면 내겠느냐 아니면 이민을 가겠느냐.

나는 (재산이) 없어서 생각 안 해봤다(웃음).

상속세는 내가 표본 케이스다. 주가가 떨어졌을 때 셀트리온헬스케어 지분 35.7%를 증여할까도 생각해봤다. 그러면 증여세 1조 8000억에, 지방세 포함해 2조 4000억을 세금으로 내야 한다고 하더라. 며느리에게 이 얘기를 했더니, 세금은커녕 손녀에게 장난감 사줄 돈밖에 없다고 해서 관두라고 했다. 이제는 그렇게 편법식으로 하는 건 나도 하고 싶지 않다. 체질에도 안 맞는다. 그래서 법을 바꾸면 좋겠다고 하는 거다. 대안은 OECD 평균을 따르는 것이다. 문제가 무엇인지 다 알고 있으니 땜질식으로 하면 안 된다.

국민 모두 밥그릇에서 밥을 덜어내자

노사정 대화 수준을 넘어 국민 전체가 협의해야 한다고 강조했는데, 어떤 합의가 가장 시급하다고 생각하나?

코로나 사태가 2년 동안은 지속될 거다. 코로나 백신과 치료제를 개발·보급하는 데 그 정도 기간이 필요하다.° 그사이 경제가 망가질 수 있다. 우리가 경험하지 못한 경제위기다. 하지만 2년을 슬기롭게 참아나가면 우리에게 기회가 될 수 있다. 우리 국민들이 밥그릇에서 밥을 덜어내야 한다. 국민 스스로 합의할 수 있어야 승자가 될 수 있다. 손에 손을 잡고 강을 건너자. 정부가 국민의 참여를 요청해야 한다. 기업과 근로자가 자기 몫을 내자. 진보·보수 의미는 잘 모르겠지만 위기 때는 싸우지 말자. 실용주의 노선으로 국익과 국민에 도움 되는 일을 하자. 정청래 더불어민주당 의원에게 여당이 주인공을 하고 야당에게 엑스트라를 맡으라고 하니까 싸우는 것이라고 했다. 위기 극복할 때는 모두가 주인공이 되어야 한다. 국민 앞에서 진짜 정치인답게 해라. 약소국이 전 세계와 동일한 선에서 경쟁한 적 없다. 그런 면에서는 기회다. 슬기롭게 극복하면 우리가 겪은 서러움을 극복할 수 있다.

국민 모두 밥그릇에서 밥을 덜자는 의미는?

'투게더 운동'을 하자는 것이다. 국민들이 지금 시점에서 차를 살까? 안 사거나 고쳐서 쓸 거다. 있는 차도 팔 수 있다. 물건이 안 팔리면 공장이 안 돌아간다. 인력도 반만 필요하다. 고용을 유지하려면 100이라는 갭 (gap)이 생겼을 때 30~40은 정부가 재정으로 커버하고, 나머지 60~70은 기업이 해야 한다. 기업인은 정부에 돈 꿔달라고 하지 말고 유상증자를 요청해야 한다. 경영권 위협이 걱정돼도 정부 지분을 인정해야 한다. 종업원은 고용을 유지하는 대신 임금을 삭감해야 한다. 기업이 살아나면 희생한 근로자를 잊지 말자.

• 전 세계가 코로나19 백신과 치료제 개발에 박차를 가하고, 각국이 긴급사용승인을 앞당기면서 백신과 치료제의 시판 시기는 서정진 회장의 예상보다 빨라지는 추세다.

문재인 정부는 코로나 사태를 계기로 노동 취약 계층을 위해 전 국민 고용보험 시대를 앞당기겠다고 하는데.

현재는 고용보험으로 최대 9개월간 180만 원 정도를 실업수당으로 받는다. 그렇게 하지 말고 종전에 자기가 받던 급여의 70~75%는 받을 수 있게 올리는 게 좋다. 그러기 위해 고용보험료를 회사와 본인이 더 내자. 실업수당을 일할 때와 별 차이 없이 받으면, 고용유연성을 높여도 노동자들의 불안감이 줄어들지 않겠나. 산별노조와 개별노조 중에서 하나를 선택하게 해야 한다. 노조의 권리를 보장하되 너무 지나칠 경우 규제가 필요하다. 노사정 사회적 대화는 아직 큰 진척이 없다. 오랫동안 노사갈등이 이어져온 한국에서 이제는 성숙한 노사관계가 필요하다. 노사는 노동유연성과 고용안전성을 동시에 주고받는 대타협이 필요하다. 단편적으로 보지 말고 종합적으로 보자는 게 평소 생각이다.

고용보험료는 현재 회사와 본인이 급여의 0.8%씩 총 1.6%를 내는데, 더 올리자는 제안이네.

회장들은 자세한 내용까지는 모른다. 회장들 중에서 장애인 고용부담금을 얼마 내는지 아는 사람도 없을 것이다. 코로나 위기를 계기로 국가 대수술을 하자. 이런 기회가 좀처럼 없다. 내가 이런 얘기를 계속하는데 공감하는 사람이 없네. 코로나 사태로 빈부격차가 더 커진다. 이래도 죽고 저래도 죽으면 엎어버리자는 생각을 할 수 있다. 코로나가 사회의 대변혁으로 이어질 수 있다.

부동산 투기는 안 되고 주식 투기는 된다?

전 세계가 코로나 위기 대응을 위해 재정 지출을 늘리고 있다. 우리나라도 마찬가지다. 과잉 유동성으로 집값 불안과 이른바 '동학개미' 현상이 나타나고 있다는 분석이다.

경제는 심리다. 심리를 자극하는 데는 역기능도, 순기능도 있다. 정부가 부동산시장에 집착하는 순간 투기 광풍을 꺾을 수 없다. 꼭 필요한 조처만 하면 된다. 도쿄·홍콩·싱가포르의 중심지 집값은 우리보다 비싸다. 일본에 우리 직원이 100명이다. 처음에는 사무실을 공원 옆의 전망 좋은 곳으로 구해줬다. 그런데 직원 채용이 안 되더라. 현지 인사팀이 사무실을 바꿔야 한다고 보고했다. 대중교통망이 불편한 위치여서 사람이 안 온다는 것이다. 도쿄역에서 걸어서 10분 정도 걸리는 초라한 건물을 얻었더니 직원이 금방 채용됐다. 회사를 선택할 때 출퇴근의 용이성이 매우 중요하다. 그래서 사무실은 무조건 지하철역과 가까워야 한다. 자가용 운전자가 차를 주차하는 게 불가능하기 때문이다. 주택임대료보다 주차료가 더 비싸다. 도쿄에 사는 직원이 없다. 전철로 1~2구간 떨어진 곳에 산다. 일본 사람들은 집값이 왜 비싸냐는 말을 안 한다. 집이 비싸면 안 비싼 지역으로 가서 산다. 싱가포르·홍콩도 마찬가지다. 강남의 비싼 집은 살 수 있는 사람이 사면 된다. 기업 총수들의 집을 소개하는 기사에 분당의 우리 집도 나왔다. 단독주택인데 40억 원이 안 된다. 서울 강남에 가면 훨씬 비싼 아파트가 많다. 또 부동산 투기는 안 되고 주식 투기는 되는 것이냐? 절대 아니다. 유동성이 주식시장으로 몰리는 것도 답이 아니다. 경제가 안 좋은데 주가가 기록을 경신하는 것은 웃기는 얘기다. 전 세계적인 현상이니 할 말은 없지만, 주가는 실적보다 6개월 이상 앞서가면 안 된다. 그 이상 앞서가면 선의의 피해자가 발생한다.

셀트리온 주가도 최근 코로나 치료제 개발 기대감 때문에 많이 올랐다. 주가가 실적에 비해 앞서 있다고 보나?

우리 주가도 6개월 정도 앞서 있다. 주식을 팔 사람이 아니라면 주가가 높은 게 꼭 좋은 건 아니다. 선의의 피해자를 낳을 수 있다. 미국은 상위 10%가 유동성의 90%를 갖고 있다. 상위 1%는 75%를 갖고 있다. 우리도 비슷할 것이다. 미국은 투기 바람으로 월스트리트가 발달했다. 미국 국민은 전부 자산운용사에 맡겨 간접투자를 한다. 우리 국민은 주로 부동산으로 운용한다. 코로나 사태로 우리나라 유동성이 400조는 늘었을 것이다.* 정부의 재정 확대와 은행의 만기 연장으로 2020년 하반기에는 600조까지 갈 것이다. 요즘 호텔에서 미팅하고 나서 사람들 하고 다니는 것을 보면 나보다 훨씬 부자 같아. 나는 제네시스를 타는데, 호텔에 국산차가 거의 없다. 기사 없는 사람도 거의 없더라. 더 웃기는 것은 벨보이가 나한테는 인사를 안 하고 그 사람들에게는 굽신굽신한다는 거다. 나보다 더 자주 온다는 얘기다.

• 한국은행에 따르면 국채, 회사채, 기업어음까지 포함한 광의유동성(L)은 2020년 7월 말 기준 5488조 원으로 1년 전의 5060조 원에 비해 428조 원 늘었다.

PART
11

흔들리는 정부조직

대한민국이 사정 공화국이냐?

과잉 민주주의는 독재만큼이나 나쁘다

셀트리온은 현 정부 출범 이후 공정위 조사 4번, 국세청 조사 5번, 검찰 수사 2번을 받았다. 금감원도 셀트리온 3총사의 분식회계 혐의에 대해 3년째 조사 중이다. 서정진은 잘못한 것이 있으면 처분하고 아니면 조사를 끝내야 하는데 마냥 시간만 끌고 있다고 분통을 터트린다. 국가기관의 리더십이 무너지고 내부는 통제되지 않으며, 정부 전체의 컨트롤타워도 없다고 꼬집는다. 과잉 민주주의는 독재만큼이나 나쁘다고 걱정한다.

대한민국이 사정 공화국이냐?

셀트리온이 여러 정부기관으로부터 조사를 받았다는데.

2018년에는 선거관리위원회 빼고 다 받았다고 보면 된다. 선관위 조사는 선거 때 내가 해외에 있어서 안 받았다(웃음). 이제 이런 조사를 일상생활처럼 여기는 것 외에는 길이 없는 거 같다. 문재인 정권 출범 이후 3년도 비슷했다. 여러 기관들이 일상적으로 하는 조사지만, 조사받는 우리 직원 수보다 조사하는 사람 수가 더 많으면 안 되는 거 아니냐. 제대로 들여다보고 오해였으면 손을 떼야 하는데 나올 때까지 계속 붙잡고 있는 조사 방식은 이제 개선되어야 한다. 우리 임원 한 명은 피로가 누적되고 스트레스가 심해져서 암에 걸려 투병 중에 있다. 회사 경영자인 나로서는 얼마나 화가 나겠는가? 그래도 꾹 참고 있다. 셀트리온은 한국에 회사가 있지만, 시장은 해외에 있다. 한국에서 투자 받은 것도 없다. 해외에서 영업을 하려면 기업의 크레디트(신용)가 중요하다. 제약회사에서 제일 중요한 게 정직성이다. 이런 정직성에 문제가 될 만한 내용이 기사화되면, 우리는 각국의 의료 당국에 설명을 해야 한다. 결국은 해외의 경쟁사들만 좋게 하는 상황이다. 이제 기업가도 편법이나 오해받을 행동은 하지 말아야 하고, 정부의 조사나 검증 방법도 바꿔어야 한다. 우리나라도 이제 국익 중심으로 모든 걸 생각해줬으면 좋겠다.

최근의 예를 들어보자. 조사를 나오면서 왜 나왔는지 이유를 안 알려준다. 위에서 지시해서 내려온 게 아니다. 제보와 투서가 들어가서 나오는 것 같다. 예전 같으면 소명 기회라도 줬다. 화장품 계열사가 있다 보니 대리점들이 딸려 있다. 요즘은 대리점들이 장사가 안 되면 공정위에 갑질을 당했다고 신고한다. 현 정부 출범 뒤 수차례 조사를 나왔는데 하나도 결정 난 게 없다. 투서 내용이 사실이 아니면 투고한 사람은 무고죄잖아. 그럼 이름을 알려줘야 하는데 안 알려준다. 이런 불편한 일이 반복되다 보니, 계약이 끝난 대리점은 본인의 동의를 얻어 없애고 있다. 조사를 받을 때마다 로펌을 쓰는데 한 번에 몇 억이 들어간다. 그 손실을 누가 책임지나? 우리 기업만 겪는 일이 아니다. 이유가 있어서 하는 조사지만, 조사를 통해서 실익이 있어야 하지 않는가? 기업도 변해야겠지만 사정 기관들도 방법을 혁신해야 한다.

언제나 반정부다. 내가 자제를 시킬 정도다. 정부에 컨트롤타워가 없다. 조사를 해서 제보가 틀렸으면 인정해야 하는데 그렇게 하지 않는다. 당연히 실무자가 잘못하면 국장이 제동을 걸어줘야 하는데 할 일을 안 한다. 스타트 버튼은 있는데 스톱 버튼은 없다. 상급자의 리더십이 없다. (조사를 했으면) 빨리 결정을 내려야 하는 것 아닌가? 입만 열면 공정경제를 강조하면서도 끝났다, 안 끝났다 얘기를 안 한다. 권력기관, 국가기관의 조직이 약화됐다. 조직의 리포팅 라인이 희미해졌다.

기업들로서는 불만이 클 수 있겠지만, 국가기관 조직이 무너졌다는 것은 지나친 표현 아닌가?

법원을 보자. 법원장의 역할은 후배 판사들이 재판을 올바로 하게 하는 것이다. 하지만 막상 법원장이 할 수 있는 일이 없다고 한다. 제대로 인사도 못하고 의견도 못 낸다고 한다. 법원장들을 만나 얘기를 들어보면 왜 (법원을) 나오려는지 이유를 알겠더라. 뒷방 늙은이 신세라고 한다. 법원 조직이 무너진 것이다. 대통령도 검찰을 통제 못하지 않나? 검찰 수뇌부도 평검사들을 통제하지 못한다. 검찰총장은 조직의 방패막이일 뿐이다. 지시는 하겠지만, 수사를 통제하는 것은 아니다. 그게 만성화되면 무질서해진다. 무너진 조직은 위험하다. 국가기관의 서비스를 받아야 하는 국민이 불편해진다. 정부에 대해 안티가 된다. 정부가 검찰 통제를 못하면 레임덕이다. 아니라고 해도 소용없다. 사정 기관이 정부의 통제를 벗어나면 무서울 게 없다. 내가 다른 기업인들에게 "대통령이나 청와대가 시킨 것은 아니지 않냐"고 말하면 "빨갱이 같은 소리를 한다. 그렇게 당하고도 그러느냐"고 쏘아붙인다. 이게 나라냐는 것이다. 문 대통령은 무척 선한 분 같다. 많이 참는다. 그런데 참아서 될 일이 아니다. 무너진 조직을 다시 세워야 한다.

과잉 민주주의는 독재만큼이나 나쁘다

국가기관 조직이 무너진 원인은 무엇이라고 생각하나?

과잉 민주주의가 큰 문제다. 이는 독재만큼이나 나쁘다. 신문사도 기자들이 자유롭게 기사를 쓰지만, 데스크가 생각을 달리하면 브레이크를 잡을 수 있어야 한다. 그런 게 작동하지 않으면 조직의 의미가 없는 것이지. (국가기관의) 자정 장치가 망가졌다. 광장의 힘은 매우 자제해야 한다. 광장 민주주의로 성공한 나라는 없다. 광장 민주주의라는 게 (거리로) 나오기는 쉬운데, 제자리에 앉히기는 힘들다. 언제부턴가 우리나라가 폭로 공화국이 됐다. 순기능도 있지만 역기능도 많아지고 있다. 더 성숙한 단계로 넘어가려면 지금의 과정이 필요할 수 있지만 너무 오래 끌면 안 된다. 이제는 어떻게 하면 국론을 하나로 모을까, 어떻게 하면 통합해서 국익 중심의 실용주의 정치 문화를 만들까 고민해야 한다. 프랑스 마크롱 대통령이 말하는 것은 이거다. "이대로 가면 프랑스는 망한다. 세금 더 걷어야겠다. 정부가 주던 거 줄여야겠다. 재집권 안 해도 좋다. 아닌 것은 아닌 거다. 재집권이 안 되면 공산주의나 극단 나치주의가 정권을 잡을 것이다. 계산이 안 나오는데 무조건 좋다고 할 수는 없잖아." 프랑스에서는 시위대가 오면 군대가 막는다. 장갑차가 쭉 깔린다. 국무총리, 장관을 만나보면 시위대에 관심이 없다. 관심을 가지면 끝이 안 난다고 한다. 사위대가 떠든다고 정치를 포기할 수는 없다는 입장이다. 우리나라도 OECD 회원국들보다 잘하는 것은 무엇이고 못하는 것은 무엇이며 환경상 안 되는 것은 무엇인지를 살펴서 새판을 짜야 한다. 우리는 국방과 안보에서 절대적으로 핸디캡이 있는 나라다.

이를 극복하려면 경제를 중심으로 잘사는 나라를 만들어야 한다. 국가에 가장 나쁜 게 국론을 분열시키는 것이다. 국론을 하나로 만들어야 한다. 문제는 돌파구가 안 보인다는 것이다. 그래서 우리 미래를 생각하면 가장 답답한 게 과잉 민주주의다. 통합하고 질서를 잡아야 한다. 아니면 들개 공화국이 된다. 불필요한 가십거리만 굴러다닌다.

공무원들이 박근혜 정부 시절 윗선의 무리한 지시를 그대로 따랐다가 큰 불이익을 받았다. 그 트라우마가 크다고 한다.

장관·차관·실장·국장은 조직의 효율화를 위해 존재하는 사람들이다. 부하들에게 말 한마디 못한다면 심각한 거다. 이게 전 정부 영향이 크다. 그렇다 보니 이 정부가 호랑이 등에 올라탄 채 탄생했다. 호랑이 등에 한번 오르면 내려오기가 어렵다. 길거리에서 탄생한 정권은 길거리에 끌려다닌다. 여러 대통령을 봤는데, 문재인 대통령은 역대 누구보다 깨끗하고 착한 양반이다. 대신 본인이 말씀이 별로 없으니 대화가 쉽지 않은 것 같다. 본인이 한 것에 비해 욕을 너무 많이 먹는다. 인사가 문제라는 지적도 많다.

까다로운 인사 기준 때문에 사람 찾기가 힘들다고 한다.

나쁜 짓 안 한 사람이 어디 있나? 걸린 놈과 안 걸린 놈이 있는 것이지. 좋은 놈, 나쁜 놈 따지지 말고 누가 객관적으로 국가와 국민을 위해서 헌신할 것인지를 봐야 한다.

PART
12

재계와 삼성 이야기

서정진은 재계에서 알아주는 마당발이다. 가장 가까운 친구들은 자신과 처지가 비슷한 파운더(창업자)들이다. 박현주 미래에셋 회장, 김홍국 하림 회장, 김상열 호반건설 회장 등이 대표적이다. 박병엽 팬택씨앤아이 부회장과도 막역하다. 첫 직장이었던 삼성과도 인연이 깊다. 이재용 삼성전자 부회장은 그를 선배님이라고 부른다. 서정진은 삼성이 변화를 통해 국민의 신뢰를 회복해야 한다고 말한다.

파운더 친구들과 박병엽 부회장

재계에서 가까이 지내는 사람들은 누가 있나?

같은 파운더들이다. 박현주 미래에셋 회장, 김홍국 하림 회장, 김상열 호반건설 회장, 이해진 네이버 글로벌투자책임자, 김정주 NXC 대표 등과 가깝다. 그중에서 내가 나이가 제일 많다.

모두 '금수저' 출신이 아니라는 공통점이 있다. 만나면 주로 무슨 얘기들을 하나?

서로 자기 자랑하다가 끝난다. 나는 약장사고, 김상열 회장은 집 장사, 김홍국 회장은 닭 장사, 박 회장은 사채업자다. 언론과 인터뷰하면서 이런 얘기를 했다가 욕 많이 먹었다. 호반 김 회장이 내 인터뷰 기사 때문에 집 장사냐고 묻는 전화를 많이 받았다고 한다. 하림 김 회장은 나한테 전화를 걸어서 닭 장사 외에 소 장사도 한다고 하더라. 그런데 사채업자라고 한 건 수습하기 어려워. 미래에셋 박 회장이 마침 해외에 있기에 미안하다고 전해달라고 했다. 박 회장이 내가 스스로 약장사라고 하면서 자신을 사채업자라고 했으니 어쩌겠느냐고 했다더라. 그래서 내가 앞으로는 꼭 인베스트뱅크 대표라고 하겠다고 약속했다.

박병엽 팬택씨앤아이 부회장과 아주 가깝다는 소문이다.

참 좋은 사람이다. 격의 없이 만나는 몇 안 되는 친구 중 하나다. 얼마 전 손자가 태어나서 자랑삼아 사진을 보냈더니 초상화를 보내왔다. 부인이 취미로 직접 그렸다는데 완전히 똑같아. 감사 인사로 밥 먹자고 했다.* (즉석에서 박 부회장에게 전화를 걸었는데, 전화를 받지 않음.) 자기가 좋아하는 사람에게는 간 쓸개 다 빼주는 대신 싫어하는 사람과는 상종을 안 한다. 친한 사람한테는 말을 놓는다. 나를 형이라고 부르다가 갑자기 "네가 말이야"라고 한다. 내가 "그럴 거면 차라리 형이라는 말은 빼라"고 하면 "형은 형인데 그럴 수는 없다"고 한다. 그러면서 "형한테 이렇게 말할 수 있는 사람은 나밖에 없잖아"라고 한다(웃음).

'삼바' 얘기하면 주주들이 싫어한다

삼성과는 첫 직장이라는 인연이 있다. 하지만 셀트리온은 삼성바이오로직스와 바이오산업 분야에서 경쟁 관계에 있는데.

삼성에서 4년 근무하고 생산성본부에 잠깐 있다가 대우로 옮겼다. 우리 주주들이 삼바에 대해 얘기하는 것을 무척 싫어한다(웃음). 바이오 시장이 워낙 커서 혼자 먹을 수 없다. 나눠 먹을 수 있는 파이가 충분하니까 서로 협력해서 갈 수 있다. 한국으로서도 셀트리온과 삼바가 함께 있는 게 좋은 일이다. 그런데 이렇게 말하는 것도 주주들이 싫어할 것

• 대화 시점은 2019년 5월이다.

이다(웃음). 삼바의 김태한 사장이 나보다 삼성 입사가 2년 빨라 선배님 이라고 부른다. 김 사장은 나를 회장님이라고 하고. 김 사장이 맞먹으 려고 하면 내가 "회장은 아무나 못한다"고 막는다(웃음).

삼바 분식회계 증거인멸 사건은 내부 제보로 불거진 것으로 알려졌다.

사회가 투명해지면서 기업에 맹목적으로 충성하던 시대가 지나가고 있다. 기업 구성원이 무척 예민하고 민감하다. 시킨다고 무조건 따르지 않는다. 이런 일을 해야 하나 갈등을 한다. 나도 직원들에게 "이런 건 회 장님이 잘못 생각했어요"라는 말을 듣는다. 언제까지 이 일 하라고 지 시하면 "그건 회장님 생각이고요, 이 정도밖에 못해요"라고 대답한다. 그러면 직원하고 타협해야 한다. 예전에는 지시하면 그냥 했는데, 요새 는 솔직히 얘기해보라고 하면 "동의 못한다"고 한다. 내부고발도 많잖 아. 과거 같은 일이 계속 벌어지기는 어려워질 거다.

삼바 사태가 제약업계에 미친 영향은?

삼바가 전 세계 언론을 타는 순간 우리나라 제약업계의 신뢰도가 손 상을 입었다. 코오롱의 인보사 사태*까지 벌어졌으니 각국 의약 당국 이 한국을 걸쩍지근하게 본다. 우리 회사는 일 년 내내 오딧(검사)을 받는데 강도가 높아졌다. 전 같으면 안 물어볼 사안을 꼬치꼬치 물어

• 인보사는 코오롱생명과학이 개발한 세계 최초의 골관절염 세포유전자 치료제로 2017년 국내에서 시판 허가를 받았지만, 제품 주성분이 연골세포가 아닌 신장세포로 판명나면서 2019년 판매가 중단됐다.

본다. 제약업계에 전부 사기꾼만 있는 것은 아니다(웃음).

선배님이라고 부르는 이재용 부회장

이재용 부회장과는 잘 아나?

나를 선배님이라고 부른다. 살아왔던 경로가 달라 갭은 있지만 내가 나이가 많다 보니 편하게 생각하고 말한다.

이건희 회장이 2014년 갑자기 쓰러진 뒤 이재용 부회장이 실질적인 총수 역할을 해왔는데. *

이재용 부회장한테 하는 말이 있다. 내가 삼성에 계속 있었으면 잘렸을 거라고. 기업도 나이가 있다. 창업한 지 5~6년 된 회사는 유치원생 같다. 시스템이 갖춰져 있지 않다. 제일 사고 많이 치는 게 유치원생이잖아. 사람하고 비슷하다. 중학생, 고등학생도 있고 장년, 노년도 있다. 제일 왕성한 건 30년, 40년 된 회사다. 노년이라고 꼭 금방 죽는 건 아니지만 나이가 많은 회사는 매너리즘에 빠진다. 변화를 싫어한다. 변화하는 데 동의하는 사람보다 변화를 안 하려는 사람이 많다. 외국기업의 수명은 우리나라보다 짧다. 인수합병을 많이 하기 때문이다. 우리나라는 오너가 있어서 인수합병이 힘들다. 미국·유럽 방식이 꼭 좋은 건 아닌데 우리나라 방식이 반드시 좋은 것도 아니다. 삼성이 반도체

• 대화 시점은 이건희 회장이 2020년 10월 25일 사망하기 이전이다.

에서 그렇게 막대한 이익을 얻었는데 지금 새로운 미래성장산업을 추가로 발굴해야 한다.

4년 전 시작된 이재용 부회장 관련 뇌물공여 사건의 재판이 아직 진행 중인데, 삼성물산·제일모직 불공정 합병과 삼바 분식회계 사건으로 또 기소됐다.

굳이 (뇌물공여 사건의) 대법원 판결을 기다릴 필요가 있겠나?* 고민이 많겠지만 고민한다고 바뀔 게 없다. 삼성도 그것을 전제로 경영을 해야 한다. 다만 삼바 분식은 다툼의 여지가 있다. 금감원과 검찰이 분식회계라고 해도 법원에서 인정받기가 쉽지 않다.

무슨 이유인가?

국제회계기준으로는 금감원 얘기와 다를 수 있다. 다만 기업의 가치평가는 삼바가 유리하지 않을 수 있다. 기업 가치평가는 변수를 가지고 하는데 그 변수를 삼성이 주고 회계법인은 그냥 받아서 계산만 한다. (삼성이) 변수를 공격받을 여지가 많게 잡은 것이다.

삼성 사건의 근본 배경에는 경영권 승계 문제가 있다.

이재용 부회장의 거취와 상관없이 삼성이 내려야 할 결정은 딱 한 가지다. 이 부회장이 갖고 있는 작은 지분으로 삼성을 지배하는 것은 어려

• 대화 시점은 2019년 2~3월이다. 이후 대법원은 2019년 8월 이재용 부회장의 상고심에서 삼성의 뇌물액을 86억 원으로 인정하면서 징역 2년 6개월에 집행유예 4년을 선고한 2심을 깨고 서울고법에서 다시 재판을 받으라고 판결했다. 2021년 1월 18일 파기환송심에서 이 부회장은 징역 2년 6개월의 실형을 선고받고 법정구속됐다.

울 거다. 삼성은 주주의 회사로 돌아가야 한다. 대신 명예를 선택하는 게 좋다. 사실 경영권을 갖고 할 게 별로 없다. 과거의 문어발식 경영, 순환출자, 일감 몰아주기를 끊고 나면 힘을 행사할 이유도 없다. 이 부회장이 과거 이건희 회장처럼 삼성을 끌고 가는 것은 시대에 안 맞다. 삼성 경영이 바뀌어야 하고, 국민이 삼성에 대한 신뢰감을 찾아야 한다. 삼성이 그동안의 장점을 살리고 단점을 보완할 것이다.

삼성의 기업지배구조나 경영방식에 관한 대안이 있나?

타이 최대회사인 CP그룹을 벤치마킹할 만하다. 닭 장사를 하는데, 타이의 삼성그룹 같은 기업이다. 회장을 임기제로 한다. 배당은 가져가지만 야합은 없다. 회장이 더 가져가는 게 없다. CP그룹의 경영방식이 우리 3세 체제에 잘 맞는다. 이 부회장도 상속에 대해 고민하겠지만 나도 고민할 거 아닌가. 나는 정공법으로 풀자고 하는 것이다. 상속세에 문제가 있는 거니까. 그럼 누군가는 나서서 제자리로 가자고 얘기해야 한다. 대신 기업이나 기업가는 편법·불법을 저지르지 말아야 하고, 그렇게 해서 국민이 믿어주고 서로 타협점을 찾아야 한다. 삼성이 새롭게 자리 잡는 것은 국가경제를 위해 중요한 일이다.

서정진은 셀트리온의 성공 비결을 '한국인'에서 찾는다. 누가 시켜서가 아니라 자발적으로 일하고, 불가능을 가능하게 만드는 한국인 특유의 저력을 믿는다. 처음부터 직원 출근부를 만들지 않고, 정해진 출퇴근 시간도 없으며, 팀장 중심으로 자발적으로 일하는 조직문화를 만든 것은 '사람에 대한 믿음'이 없었다면 불가능했을 것이다. 셀트리온은 회장을 포함해 그 누구도 구매 업무에 관여하지 못하고, 직원 채용에 개입하지 못하며, 급여 수준은 국내 최고인 삼성전자에 맞춰 임금 불만도 없는 '3무(無) 회사'다. 서정진이 이처럼 과거 샐러리맨 시절에 자신이 싫어했던 것과 정반대로 하는 '거꾸로 경영'을 할 수 있는 것도 직원들을 전적으로 신뢰하기 때문이다. 서정진은 셀트리온의 성공은 "진심으로 직원들 덕분"이라는 말을 입에 달고 산다. 기업의 가장 중요한 자산은 '사람'이라고 강조한다. 2018년 말 세상을 떠들썩하게 했던 대한항공 갑질 사건도 사실은 비행기에 동승했던 직원들을 챙기다가 우발적으로 발생했다. 서정진은 직원들이 좋아하는 회사를 만들면 저절로 좋은 회사가 된다고 믿는다. 직원 가족이면 누구나 식사를 할 수 있는 구내식당, 여직원이 자녀를 2명까지 맡길 수 있는 보육원을 모두 무료로 운영하는 것도 그런 이유에서다.

성공 비결은 '한국인'

셀트리온의 성공 비결은 무엇인가?

바로 한국인이다. 한국이 시끄럽고, 노사문제 복잡하고, 지정학적 리스크가 큰 나라라고 하는데 내가 안 망했잖아. 우리나라 사람들은 자신의 장점을 너무 모른다. 우리나라는 불가능을 가능으로 바꾸는 나라다. 우리가 승승장구하는 것은 할 수 있는 일은 당연히 하고, 불가능한 일은 가능하게 바꾸기 때문이다. 그 비결은 죽을 둥 살 둥 열심히 일하는 것이다. 한 번은 미국 워싱턴에 태풍이 몰아쳐서 전기가 안 들어왔다. 미국 FDA에 제 시간에 자료를 못 내면 허가가 6개월 뒤로 밀리는 상황이었다. 우리 직원이 비상발전기를 렌트해서 전기가 들어오게 만들었다. 문제는 태풍 때문에 다 휴무인 거야. 미국 (현지 채용) 직원들에게 이 기간에도 일을 하면 인센티브를 주겠다고 약속했다. 그렇게 해서 제때 서류를 낼 수 있었다. 그게 현지에서 유명한 일화가 됐다. FDA가 셀트리온은 특이한 회사라고 한다. 워싱턴에서 비상발전기를 돌려서 일한 곳은 셀트리온밖에 없다고. 그런 일을 누가 시켜서 할 수 있나? 스스로 하는 것이다.

1년에 200일 이상 해외 출장을 다닐 정도로 전 세계를 섭렵하니 외국 기업과 국내 기업의 장단점이 눈에 잘 보일 것 같다.

전 세계 의약 당국에 허가신청서를 내면 질의서를 보내온다. 그들은 우리 답변이 두 달 뒤에 올 거라고 생각하는데, 우리는 일주일 만에 보낸다. 처음에는 이상하게들 생각하지만 항상 그렇게 하다 보니 우리 회사의 크레디트가 됐다. 미국 제약 회사들은 답변하기 전에 컨설팅 업체에 보내서 어드바이스 받고, 변호사 검토를 거친다. 당연히 시간이 오래 걸린다. 그런데 그것은 답변 자료를 완벽히 만들려는 게 아니라 책임을 안 지려고 하는 것이다. 우리 직원들은 바로 답변서 작성을 시작하고 나중에 의견을 받는다. 책임은 자기가 진다고 생각한다. 이게 한국인들이 기본적으로 갖고 있는 생각 아니냐. 우리나라가 장점이 훨씬 많다. 성공할 수 있었던 것은 결국 한국에서 사업을 했기 때문이다. 한국인 만한 근성을 가진 민족이 없다.

역으로 한국인이어서 힘든 점도 있지 않을까?

한국인은 한 방향으로 이끄는 게 무지 힘들다. 한 방향으로 가게 하는 방법은 딱 하나밖에 없다. 내가 품을 팔아야 한다. 하지만 그 정도 노력 안 하고 어떻게 사나. 나는 우리 직원들에게 얘기할 때 한 번에 300~400명씩 모아놓고 두 시간씩 한다. 이걸 하루에 네다섯 번 한다. 직원들이 한 방향으로 가도록 동의를 구하는 거야. 그럼 직원들이 다 안다. 회장이 얼마나 힘든지. 저녁이 되면 "앞에서 들었으니까 짧게 하세요"라고 한다. 대화를 가질수록 (내용이) 업그레이드 돼. 아침에 시작하는데, 저녁은 돼야 제대로 얘기하는 것 같아(웃음). 그렇게 한 방향으로 가면 우리나라 사람은 근성이 있어서 무슨 일이든 할 수 있다.

출근부 없는 회사

2019년 1월 청와대에서 열린 문재인 대통령과 기업인의 대화 때 주 52시간제
가 시행되지만 셀트리온 직원들은 일거리가 많으면 집으로 싸가지고 간다고
말해 화제가 됐는데.

한국인의 특징이 일하는 근성이다. 필요하다고 생각되면 누가 시켜서
가 아니라 자발적으로 일한다는 취지였다. 우리 회사는 일을 시키는 사
람이 많지 않다. 사실 주 52시간이 아니라 주 40시간 일하기도 쉽지 않
다. 주 40시간씩 몇 주 동안 일에만 집중하면 과로사 한다. 주 52시간제
때문에 (기업경영을) 못한다는 것은 말이 안 된다. 내가 샐러리맨 생활을
해봤잖아. 하루에 8시간을 제대로 일하기 어렵다. 사람이 지친다. 미국
과 유럽은 8시간 집중근무를 한다. 근무시간 중에 휴대전화를 보는 사
람이 없다. 근무시간에 집중하지 않으면 용서 안 한다. 대신 늦게까지
일하는 거 좋아하지 않는다. 우리가 가장 잘못하는 것은 일찍 출근해서
늦게 퇴근하는 것이다. 주말에 출근하는 것이다. 이게 잘하는 거라고
생각하는 잘못된 선입관을 갖고 있다.

일과 관련된 잘못된 관행을 뜯어고치는 게 중요하다는 지적이네. 그룹 총수가
정상 출근 시간 전에 회사에 나오고 임원들도 덩달아 새벽 출근을 하는 기업이
이런 얘기를 들으면 기분이 어떨까?

그거 다 낭비잖아. 가장 크게 잘못된 관행이 그것이다. 주 52시간제 도
입의 진짜 화두는 일하는 관행을 뜯어고치는 것이다. 짧은 시간 동안
효율적으로 일하자는 것이다. 내가 대우에 있을 때 연구소에 석·박사

를 많이 뽑은 적이 있다. 그런데 설계는 맨날 대리가 하고, 석·박사는 그 시간에 회의하고 있더라. 그동안 습관적으로 해온 거 뜯어고쳐야 한다. 그러면 주 52시간제가 기업들에 부담이 되지 않을 수 있다. 그런 문제들은 그냥 놔두고 주 52시간제 놓고 맞다, 틀리다 하는 것은 웃기는 일이다.

전 세계를 상대로 일을 하는데, 직원들의 출퇴근 시간은 어떻게 운용하나?

외국 현지 시간에 맞춰서 출퇴근한다. 러시아와 일을 하는 직원은 러시아 시간에 맞춘다. 미국 일을 하는 직원은 미국 시간에 맞춘다. 그냥 팀장에게 러시아 일을 해야 하니까 오후에 간다고 말하면 된다. 우리 회사는 창업 이래 출근부가 없는 회사였다. 원칙적으로 주 40시간 집중근무를 한다. 주 52시간 근무제 시행 이전부터 "쓸데없이 일하지 말라"고 했다. 그런데 노동부가 출근부가 없으면 위법이라고 지적했다. 중죄라고 하더라고. 그래서 할 수 없이 출근부를 만들었다. 우리 직원들이 그때부터 불편해지기 시작했다(웃음). 우리는 지각·조퇴·결근이란 단어도 없는 회사다. 모든 권한이 팀장에게 있다. 일이 없으면 출근시키지 말라고 한다. 일이 일찍 끝나면 반나절만 일하고 일찍 보낸다. 주 40시간 이상 일 시키지 말라고 한다. 사람들은 매일 출근해서 앉아 있는 것을 일이라고 생각하잖아. 우리는 제대로 '일'을 하라고 한다. 주 52시간제 시행 전부터 그렇게 했다. 일이 있으면 직원이 알아서 한다. 밤을 새워서라도 한다. 우리 회사는 전 세계와 일을 하기 때문이다. 전 세계 의약 당국이 물어보면 빨리 처리해야 하거든. 그런데 시키는 사람이 없고 모두 알아서 한다. 우리 회사에 대한 프라이드를 갖고 있기 때문이다.

서정진식 '거꾸로 경영'

셀트리온에는 다른 기업에 없는 게 많다고 들었다.

과거 샐러리맨 시절에 싫어했던 것을 반대로 실천한다. 기업이 잘못하는 게 인사평가를 하면서 '못했어요'라고 지적할 수 있는 사항을 꼭 찾아내는 것이다. 우리는 60%는 '보통', 25%는 '잘했어요', 15%는 '참 잘했어요'라고 고과를 준다. '못했어요'가 아예 없다. 별도의 평가 시스템이 없고, 그냥 팀장이 백지에 적는다. 대신 직원에게 결과를 오픈해야 한다. 다른 회사는 꼭 못했어요를 집어넣고, 결과도 인사비밀이라고 안 알려준다. 그런다고 "잘하겠습니다"라고 말하는 직원들은 없다. 실익도 없으면서 괜히 감정만 건드린다. 또 대리·과장이 뭐 대단하다고 승진심사에서 몇 프로씩 탈락시킨다. 탈락자들이 회사를 나갈 것도 아니다. 그렇게 다 문제를 만드는 것이다. 우리는 대리·과장은 연차만 쌓이면 다 진급시킨다. 만약 진급을 안 시키려면 특별한 이유가 있어야 하고, 내용을 오픈해야 한다. 차장·부장은 85% 승진하고 15% 탈락한다.

조직 운영이 철저히 팀장 중심인 것 같다.

나는 인사팀한테 일하지 말라고 한다. 대신 좋은 인력 스카우트하고 잘 배치해서 승진시키라고 한다. 인사는 팀장이 하게 하고, 연봉은 삼성전자 벤치마킹해서 주고, 애로 사항이 무엇인지 찾으라고 한다. 우리 인사팀의 제일 큰 불만은 자기들이 해야 할 특별한 일이 없다는 것이다. 인사팀이 경력사원을 데려오면 사부작사부작 시스템을 만든다. 그러다 나에게 걸리면 다 없애라고 한다.

신선하긴 한데, 너무 이상적이면 조직 운영이 제대로 안 될 수도 있지 않나?

연말이 되면 직원들이 자기들의 리더(팀장)를 평가한다. 조직원의 3분의 2 이상이 동의하지 않으면 책임자가 직위해제 된다. 평가 결과를 보면 직원들의 얘기가 거의 맞다. 리더에게 강력한 권한을 주고 그에 맞는 대우를 해줘야 한다. 지휘자냐 아니냐를 명확히 구분해야 한다. 대신 직원도 리더를 견제할 장치가 필요하다. 내가 우리의 장점을 살릴 수 있는 방법을 생각한 것이다. 유럽 방식도 아니고 미국 방식도 아니다. 인사의 핵심은 모두가 인정하는 사람을 적정한 자리에 앉히는 것이다. 모든 직원들이 나도 CEO가 될 수 있다는 희망을 가질 수 있도록 해야 한다.

셀트리온에는 회장도 못하는 게 있다던데.

우리 회사에서 모두가 꼭 지키는 게 있다. 첫 번째로 구매에 관여하는 걸 나부터 안 하고, 못한다. 모든 구매는 담당자가 한다. 이것을 2년에 한 번씩 감사를 해서 확인한다. 구매 직원이 딱 한 번 회장이 청탁한 게 있다고 답한 적이 있다. 오창 공장의 블라인드 공사 건이었는데, 초등학교 여자 동창이 하도 매달려서 들어줬다. 그게 유일했다. 두 번째로 직원 채용에는 사장도 관여 못한다. 특별채용이란 게 없다. 모든 채용은 팀장과 임원이 한다. 세 번째로는 급여다. 원칙은 우리나라에서 제일 많이 준다는 것이다. 삼성전자를 벤치마킹한다. 삼성전자의 인상률이 확정되면 인사팀이 체크한다. 직원들에게도 맞는지 확인하라고 한다. 급여는 직원들의 프라이드지, 단순한 숫자가 아니야. 기업은 최고의 대우를 해주고 그만큼 벌면 된다. 그래서 우리는 임금 불만이 없다.

직원들은 "올해 삼성이 임금을 안 올리면 어쩌지?" 같은 얘기만 한다. 직원들 블라인드에는 "우리 너무 많이 받는 거 아니냐. 깎지는 않겠지" 하는 얘기가 많다. 감사와 기획 담당도 따로 없다. 내가 기획실 역할을 한다.

이런 제도들은 언제부터 시행한 것인가?

셀트리온 창업 때부터다.

노조위원장으로 불리는 회장

셀트리온은 임금 불만이 없다고 했는데, 노사관계는 어떤가?

회사가 잘되려면 노사갈등이 없어야 한다. 그러려면 총수가 각오해야 한다. 직원들이 믿어줄 때까지 총수가 다가가야 한다. 그러지 않으면 갈등은 없어지지 않는다. 직원들에게 제일 좋은 처우를 해주는데 더 달라고 하겠나? 우리 직원들은 프라이드가 강하다. 셀트리온은 입사가 힘든 회사다. 최고의 처우가 보장되고, 전 세계에서도 그것을 인정해준다. 회사 안에 로열패밀리도 없다. 이런 걸 원하지 않는 직원은 아마 한 명도 없을 것이다. 우리나라가 잘못하고 있는 점은 투쟁을 통해 급여를 받는 게 습관이 된 것이다. 임금협상 시즌만 되면 싸워야 한다. 대우에 있을 때 노사문제로 고민을 많이 했다. 노조 대의원을 하면 임원이 만나주고, 노조위원장을 하면 사장이 만나준다. 당시 노조 간부에게 "이러면 안 된다"고 했더니 "나도 아는데, 다시 현장으로 돌아갈 수 없다.

네가 와서 해보라"고 하더라. 그래서 대우차 사장을 포함한 전 임원이 하루 동안 생산 라인에 들어가서 체험을 했는데 나도 못하겠더라. 사장도 힘들다고 하고. 노조 간부들이 제일 두려워하는 것이 평노조원으로 돌아가는 것이다. 회사에 사무실도 없고, 자기 책상도 없고, 명함 돌릴 데도 없는 환경으로 돌아가고 싶지 않은 것이다.

그런 얘기를 김우중 회장에게도 했나?

말했지. 그랬다가 엄청 깨졌지. 정신 나간 새끼라고. 노사관리 하라고 했더니 노조 편이 됐느냐고. 우리나라에 노사갈등이 왜 있느냐, 이유는 딱 하나다. 서로 불신하면서 생기는 거다. 불신은 누가 만드나? 힘이 센 놈이다. 지금은 힘이 약한 사람이 노조를 만들어서 비슷한 파워를 가지고 있는 거지. 우리 그룹에는 노조가 거의 없다. 그 이유는 회장이 노조위원장처럼 하기 때문이다. 우리 애들이 날 노조위원장이라고 한다.

회사가 노조 결성을 막는 것은 아닌가?

아니다. 노조 결성이 몇 번 시도됐는데 호응하는 직원들이 없었다. 계열사 한 곳은 500명의 직원 가운데 13명이 노조에 가입했다가 흐지부지됐다. 한번은 블라인드에서 노조 가입을 받은 일이 있는데 직원들이 "회장 보기 전에 당장 지우라"고 공격을 했다. 직원들이 결속하지 않으면 좋은 회사를 만들 수 없다. 직원들을 결속시키려면 회사가 노력해야 한다. 그래서 서로 진심이 통해야 한다. 나는 직원들에게 야단도 잘 친다. 야단을 안 치면 회사가 안 돌아간다. 회사라는 게 하나의 생물과 같다. 정답은 없고 케이스 바이 케이스로 처리하는데, 제일 신경 써야 하는 것이 직원이다. 아들이 가끔 "아빠처럼 못할 것 같다"고 말한다. 아빠 같이 직원들에게 직접 설명하는 것은 불가능하다면서, 자기는 이메일로 하겠단다. 그렇게 해서 교감이 되겠느냐고 하니까, 자기 세대는 가능하다고 한다(웃음). 직원이 몇천 명씩 되면 쉽지 않다. 사고뭉치가 꼭 있다. 아무리 잘해줘도 투덜이가 나온다. 관건은 대다수 직원이 그 투덜이 말에 동조하느냐 아니냐다.

직원과의 소통에 블라인드를 많이 활용하는 것 같다.

(비서의 휴대전화로 블라인드 앱 내용을 보여주며) 오늘 올라온 내용이다. 아침에 일어나면 비서들이 제일 먼저 보고하는 것 중 하나가 블라인드에 올라온 특이사항이다. 회장이 블라인드 보는 걸 직원들도 알아. 내가 읽어보면 재미있는 게 많다. 내 욕도 하고, 우리 애들 욕도 하고 그래. 비서들이 "오늘은 보지 마시죠" 하면 내용이 더 궁금해진다. 직원들이 (블라인드에서) 심하게 말하면, (해당 내용에 관련된 직원을) 불러서 "너희들 이 따위로 할 거야? 이거 사실 아니잖아"라고 말하기도 한다.

자살 직원을 회사장(會社葬)으로 치르다

직원들과의 소통 방식이 다른 그룹 총수들과는 많이 다른 것 같다.

얼마 전 중국에 출장을 갔는데 회사에서 갑자기 전화가 왔어. 한 직원이 투신자살을 했다는 거야.* 순간 심각하다고 생각했다. 관계자 회의를 즉각 소집했다. 김형기 부회장에게 내가 직접 지휘한다고 하고 직원이메일과 노트북에는 손대지 말라고 했다. 경찰과 검찰 수사에 적극 협조하고 유족에게 빨리 알리라고 했다. 전 직원에게도 1시간 안에 고지하도록 지시했다. 그런데 업무에 불만을 갖고 자살했다면 회사가 다 뒤집어 쓸 수 있다면서 아랫사람들이 불안해했다. 그래서 솔직하게, 정공법으로 대처하라고 했다. 부검 여부를 놓고도 설왕설래하기에 인천지검에 전화해서 "빨리 부검해서 확실한 사망원인을 밝히고, 유족들도 동의할 수 있게 해달라"고 요청했다. 검찰에서 다른 회사는 대부분 부검을 안 하려고 하는데 셀트리온은 뜻밖이라는 반응을 보였다. 또 경찰 의견을 들으니 자살이라고 하는데 꼭 부검을 할 필요가 있느냐고 했다. 그래도 해달라고 했다. 중국 출장에서 돌아와 보니 자살한 직원의 부친은 도미니카, 누나는 아프리카, 형은 미국에 있고 한국에는 고모와 작은아버지만 살고 있었다. 직원들에게 장례를 어떻게 치를 거냐고 물으니까 입사 동기와 같은 부서 직원들이 치르려 한다더라. 그래서 회사장으로 하라고 지시했다.

회사장은 CEO나 회사 발전에 큰 공을 세운 사람이 사망했을 때 하는 것 아닌가?

내 거 미리 당겨서 치르라고 했다. 그리고 큰아들(서진석 셀트리온 수석부사장)이 상주를 맡고, 장례식장은 인하대병원 특실로 잡으라고 했다. 내가 3일 내내 장례식장에 갔는데 전 직원이 문상을 왔다. 장례예배를 하려는데, 직원이 다니던 교회의 목사는 자살했으니 안 된다는 거야. 내

● 자살 시기는 2018년 말이나 2019년 초로 추정한다.

가 다니는 교회 목사에게 부탁했더니 청년들 수련회 가서 안 된다고 하고. 우리 교회 목사에게 품앗이 하자고 설득했다. 내가 수련회에서 특강을 할 테니 대신 예배를 봐달라고, 남는 장사 아니냐고 했다. 발인 예배가 새벽 5시였는데 직원들이 100명 이상 왔더라. 버스 한 차 꼭 채워서 (장지인) 부산까지 내려갔다. 가족들도 진심으로 고마워했다. 장례식이 끝난 뒤 여주에서 하는 교회 수련회에 갔다. 청년들이 막 박수를 치면서 하루 종일 강연해달라고 졸랐다.

직원의 자살 이유는 무엇이었나?

유서는 없었다. 휴대전화와 컴퓨터에도 아무런 기록이 없었다. 친한 친구에게 물어보니 6개월 전부터 어느 교회에 열심히 다니면서 주위 사람들과도 연락이 뜸해졌다더라. 그래서 자기와도 소원해져서 그게 원인인 것 같다고 했다. 입사한 지 얼마 안 돼 퇴직금이 500만 원이었다. 나하고 직원들이 모아서 1억 원을 줬다. 장례예배를 봐준 목사님이 고마워서 일요일에 교회에 갔더니, 우리 교회가 파송한 중국 교회의 현지 목사가 신장이식을 못 받으면 죽는다는 거야. 수술 비용이 8000만 원이래. 교회가 돈이 어디 있어. 신자들이 최대한 돈을 걷으면 모자라는 돈은 내가 돕겠다고 했더니 감사하다고 하더라. 그래서 신자들에게 최대한 많이 걷으라고 했다(웃음).

서민 출신인 것이 직원과의 소통에 어떤 영향을 미치는 것 같나?

회사 직원이 자살하면 웅성거릴 수도 있는데 오히려 결속력이 더 강해졌다. 그런데 관리 담당 상무가 큰 부작용이 생겼다고 했다. 직원들이

'회장님 평생 회사에 있게 하기 운동'을 한다는 거야. 자기들 죽었을 때도 그렇게 (회사장으로) 해달라면서. 다른 회사는 직원이 자살해도 회장에게 보고도 안 한다. 퇴직금을 더 주지도 않는다. 그럼 내가 손해 본 것이냐? 아니다. 내가 훨씬 이익을 많이 본 것이다. 직원들이 불평불만을 갖지 않는다. 무슨 일이 생기면 오히려 더 뭉친다. 나에게는 서민이라는 게 훈련해 익힐 대상이 아니다. 본능적으로 나오는 것이다. 내가 서민 출신이고, 주변 사람들이 다 서민이기 때문이다. 정말 전화위복의 계기가 됐다.

그런 게 다른 재벌 2·3세들과 큰 차이인 것 같다.

2·3세들은 서민의 삶을 살아보지 못했다. 친구들 중에도 서민이 없다. 서민 출신인 나는 살아봐서 아는 것을 그 친구들은 책에서 배웠다. 이해 정도가 다르다. 이게 큰 갭인 거야. 직원들을 생각하는 마음이 거기서 차이가 난다. 내가 자살한 직원을 직접 챙기지 않으면 우리 회사도 뒤숭숭했을 것이다. 같이 일하던 직원들은 일 못한다. 정신병에 걸렸을 수도 있다. 회사를 그만둘 수도 있다. 하지만 직원이 자살했는데 회장이 2박 3일간 직접 장례를 치르고, 회장 큰아들이 상주를 했다. 직원들이 생각하기에 이건 무척 보기 좋았던 거야. 의도한 건 아닌데 내가 쓴 돈에 비해 효과가 훨씬 좋았다.

가장 중요한 자산은 '사람'

성공 비결에서 공통적으로 나온 말이 '한국인'과 '사람'이다. 결국 셀트리온의 '직원'이라는 얘기인데.

셀트리온의 수율(yield) *이 세계 최고다. 정부가 바이오를 국가 중점과제로 선정한 뒤에 외부 견학을 많이 온다. 청와대에서 견학을 오면 복지부, 식약처까지 따라올 때가 많아. 그러면 우리 일하는 모습을 그대로 보여준다. 직원들이 천천히 일하는 모습을 보고서 왜 그러냐고 궁금해한다. 그러면 저게 우리 프로토콜이라고 설명한다. 제약공장에서는 빨리 움직이면 발암물질이 섞여 있는 미세먼지가 작업복 안으로 들어올수 있다. 그래서 바람이 일어나지 않도록 서서히 해야 한다. 급하게 하면 공장이 오염될 수 있다. 이게 다 규제 사항이다. 안 지키면 바로 경고장이 날아온다. 또 보는 사람이 없으니까 휘젓는 사람도 있을 수 있다. 그렇게 되면 생산물을 다 버려야 한다. 누가 휘저었는지는 기록에 안남는다. 땀이 난 손으로 만져도 오염이 된다. 땀이 나면 바로 밖에 나와서 가운을 벗고, 땀을 닦은 뒤 다시 가운을 입고 들어가야 한다. 이런 것을 지키느냐 안 지키느냐는 직원의 마음에 달렸다. 내 행동에 따라 회사가 큰 손해가 날 수 있다는 생각이 있어야 한다. 나는 우리 직원이 벌어주는 돈이 무지 많다고 생각한다. 수율이 높으니 원가가 낮아지고 경쟁력이 생기는 것이다. 결국 기업에서 제일 중요한 자산이 사람이다. 기업에 모인 사람들끼리 어떻게 융화하고 통합해서 시너지를 만드느

• 생산성을 보여주는 지표로 이론적으로 가능한 최대 생산량 대비 실제 생산량의 비율.

냐가 그 기업의 에너지를 좌우한다. 그것을 절실히 느껴본 리더는 부드러운 카리스마를 갖게 된다. 우리 직원들 아무나 붙잡고 너희 회장 어떠냐고 물어보면 존경한다고 할 거다(웃음).

너무 자신하는 것 아니냐?

그렇지 않으면 회장이 회사를 끌고 나갈 수 없다. 존경은 직원들이 잘 안 쓰는 말이다. 자기들을 사랑해준다는 것을 느껴야 쓴다. 세상이 참 웃기더라. 자살하려다가 미수에 그쳐서 15년 더 살았다. 행복과 불행은 손바닥과 손등의 관계와 같다. 손바닥이 행복이라면 그쪽을 바라보면 행복한 것이고, 반대로 손등만 쳐다보면 불행한 것이다. 행복은 하나다. 고마워하고 미안해할 줄 알면 행복해진다. 그것이 불교에서 말하는 '내려놓기', 즉 해탈이다. 가지려 하면 빼앗기고, 놓으면 오는 것이다. 셀트리온 성공의 베이스에는 이것이 깔려 있다. 진심으로 직원들 덕분에 성공한다는 것을 경험했다. 직원들이 좋아하는 회사를 만들면 저절로 좋은 회사가 된다.

기업 경쟁력은 결국 사람, 직원에 의해 좌우된다는 얘기네.

그래서 '기업은 곧 사람'이다. 신입 사원 교육을 하면서 이렇게 말한다. 우리 회사는 무(無)에서 여기까지 왔다. 선배가 회사 다닌 지 15년 됐다고 하면 회사에 말뚝을 박고 있는 것이다. 그 선배는 너희한테 존중받을 자격이 있다. 성격이 더러워도 참아라. 선배들을 존중하면 선배도 너희를 예뻐할 것이다. 자기가 가진 것들을 너희에게 빨리 줄 것이다. 그럼 너희 자신도 빨리 성장할 수 있다. 우리 회사가 잘되려면 뒷담화하지 말고 칭찬하기 운동을 해야 한다.

대한항공 갑질 사건의 실상

대한항공 갑질 사건의 실상이 궁금하다.[•]

별것 없다. 우리 회사는 부서장 이상은 비즈니스석을, 일반 직원은 이코노미석을 이용한다. 나는 체격이 커서 할 수 없이 일등석을 탄다. 비즈니스석은 꽉 껴서 안전벨트를 안 매도 될 정도다(웃음). 그러다 보니 이코노미석에 탄 직원들에게 항상 신경이 쓰인다. 그래서 직원들을 4시간에 한 번씩 불러내서 커피를 함께 마신다. 에어버스 A380은 이코노미석 주방과 일등석이 붙어 있어서 정신이 없다. 이코노미석 근처 키친 복도에서 커피를 마시고, 일등석 전용 칵테일 라운지로 이동해 한 잔씩 줬는데 그날따라 승무원이 제지를 한 거야. 그래서 언쟁을 한 거지. 내가 기분이 나빴으니까 분명 듣기 싫은 소리를 했겠지. 승무원들이 전혀 없는 얘기를 '창작'하지는 않았겠지만, 내 기억으로는 "야, 이게 왕복 1500만 원짜리 좌석인데, 이 가격 안에 내 직원하고 대화할 공간을 사용할 권리도 있는 것 같다. 그만한 가치가 있어야 하는 것 아니냐. 이것도 못하게 하면 너무 비싸지 않냐"라고 말했어. 논란이 벌어진 뒤 우리

• 서정진 회장이 2018년 11월 16일 미국 로스앤젤레스(LA)에서 인천으로 오는 대한항공 여객기 일등석을 타다가 승무원에게 갑질을 했다고 일부 언론이 보도하자, 셀트리온은 "다소 불편할 수 있는 대화가 오가기도 했으나 폭언이나 막말, 비속어 사용은 발생하지 않았다"고 해명했다.

직원들 블라인드에서 "우리 회장이 정말 갑질 했을까?" "아마 했을 거야. 우리 회장 어투가 평소에도 아슬아슬하잖아" "이번에는 고칠 거야"라는 얘기들이 오갔다고 한다. 직원들이 내가 어떤 스타일인지 아는 거야. 내가 평소 하던 대로 하다가 망신당했다고 생각하는 거지.

결국 직원들을 챙기려다가 사고가 난 셈이네(웃음).

사내방송으로 "너희들 창피하게 만들어서 미안하다. 평소 너네한테 하듯이 말했을 뿐이다. 앞으로 너희한테 존댓말을 할 수는 없지만 밖에서는 존댓말을 쓸게"라고 했다. 그랬더니 직원들이 지금 무지 바쁘다는 거야. 블라인드에서 대한항공 직원들과 싸우느라고. 대한항공 직원들이 "너희 회장 비리를 말하라"고 하니 우리 직원들은 "우리 회장이 너희 회장 같은 줄 아느냐"고 응수했다더라.

직원들이 무료 이용하는 영빈관

인천 송도의 셀트리온 본사 옆에 영빈관이 있다. 어떤 곳인가?

직원들을 위한 복지시설이다. 직원들이 1년에 한 번꼴로 무료 이용한다. 직원 한 명 당 가족 17명(금액 한도 100만 원)까지 와인이나 음식을 제공한다. 부모님 칠순 잔치처럼 집안 식구들을 대접할 때 주로 활용한다. 영빈관 야외 잔디에서 뷔페도 가능하다. 150명까지 수용이 가능한데, 추가 비용은 본인이 부담한다.

직원들이 좋아하나?

선호도가 높다. 세 달에 한 번씩 선착순으로 예약을 받는데 1분 만에 끝난다. 직원들에게 현금으로 주나, (영빈관 같은) 서비스로 주나 마찬가지 아니냐. 사실 현금보다 효과가 더 큰 것 같다. 직원들이 식구들과 오면 내가 직접 인사를 한다. 우리 직원들 사기 진작을 위해서다.

건물은 회사 소유인가?

빌린 집이다. 전 주인이 부도를 내고 도망가는 바람에 전세를 못 빼고 계속 사용 중이다. 재산세가 나오는데 주인이 세금을 안 내고 있다.

전망이 무척 좋다.

개인 주택으로는 송도에서 최고일 것이다. 정원에 수령이 800년 된 향나무가 있다. 집주인 얘기로는 삼성에버랜드에서 20억 원에 팔라는데도 거절했다고 한다. 태풍이 오면 직원들이 애를 먹는다. 나무가 쓰러지면 집주인에게 물어줘야 할지 모르니까. 인천시에 관사가 없다 보니 해외에서 귀빈이 오면 우리 영빈관을 빌려준다. 그래서 인천시 관사로도 불린다. 송영길 전 시장이 제일 많이 이용했을 거다. 사용료는 받는다(웃음). 인천 기업들에도 해외 바이어가 왔을 때 빌려준다. 그때는 돈을 안 받는다.

서 회장 주소지가 영빈관으로 되어 있다고 하던데.

원래 집은 분당에 있는데 주소지는 이곳에 두고 있다. 송영길 의원이 시장 시절 인천으로 이사를 오라고 요청했다. 인천 시민들이 내가 인천에 살아야 한다고 했단다. 실은 내가 인천에 살아야 세금을 인천에 내게 된다. 공항에서 주소 적으라고 할 때가 제일 힘들다. 영빈관 주소를 못 외운다. 내가 위장전입한 것이 되나? (웃음) 잠은 거의 분당 집에서 자는데 태풍이 오면 영빈관에서 잔다. 회사에 어떤 일이 벌어질지 모르니까. 제일 무서운 게 폭우로 공장이 침수되는 것이다. 바닷가여서 겁난다.

왜 송도에 공장을 지었나?

인천공항이 가깝기 때문이다. 공항과 제일 가까이 공장을 지을 수 있는 곳이 인천이다. 본사가 지방에 있는 회사의 가장 큰 어려움은 우수한 인력이 가기를 꺼린다는 점이다. 충북공장에는 직원들이 안 가려고 한다. 아이들 교육 문제 때문이다. 그래도 인천까지는 고급 인력이 온다. 송도 신도시의 아파트는 인기가 좋다. 녹지 비율이 50%다. 국제학교도 있다. 우리 직원들이 3000명 정도 산다. 가족들과 협력업체 직원까지 포함하면 훨씬 많다. 우리 직원들이 찍어야 국회의원이 될 수 있다 (웃음). 지역 균형 발전을 하려면 우수 인력이 안심하고 애들을 보낼 수 있는 특화된 학교를 지방에 유치해야 한다. 충북지사가 나에게 직접 해보라고 하더라. 그래서 민족사관학교에 물어보니 세금을 포함해 돈이 많이 들어간다더라. 학생 수에 따라 달라지겠지만 해마다 100억 원 정도는 필요하다. 지방자치단체에서 직접 해야 한다. 우수 인력이 지역에 간다고 하면 지역 균형 발전을 못할 게 없다.

여직원을 위한 사내 보육원과 식당

셀트리온은 여자들이 특히 좋아하는 직장으로 알려져 있다.

아마 여학생들의 선호도가 제일 높은 회사일 것이다. 남녀 직원이 반반 정도 되는데 생명공학 전공자만 보면 여직원이 더 많다. 입사 경쟁률이 치열한데 남녀 직원을 따로 뽑는다. 면접을 하면 남학생이 여학생을 못 이긴다. 면접 때 "아버지 살아 계시느냐"고 물으면, 남자는 그냥 "예"라고 하는데, 여자는 "우리 아버지는요…" 하고 자세히 설명한다(웃음). 여직원에 대한 차별이 없다. 팀장의 절반은 여자다. 여직원들이 육아 스트레스를 받지 않는다.

그건 무슨 이유인가?

예전부터 사내 보육원을 운영했다. 여직원 한 명당 자녀 두 명까지 무료로 돌봐준다. 남직원 자녀는 와이프 회사에서 커버하라고 한다. 아이 한 명 키우는 데 1년에 1000만 원이 들어간다. 여직원이 애 둘을 낳으면 연봉으로 2000만 원이 더 나가는 셈이다. 0세 반부터 있다. 야간 교사가 있어서 아이를 찾아갈 때까지 돌봐준다. 그런데 여직원이 술을 먹는 날이면 애를 늦게 데려간다. 야간 교사에게 습관적으로 늦게 찾아가는 여직원이 누구냐고 물어봐서 빨리 데려가라고 했다(웃음).

여직원은 원하기만 하면 자녀를 맡길 수 있나?

보육원 수용 능력이 여직원의 출산 속도를 못 따라가는 경우도 있다. 그럴 때는 근속연수, 성적 관리 등 가점 제도로 선별한다.

직원들의 육아휴직 기간에는 한도가 없다. 원하는 만큼 사용한다. 대개 많이 쓰는 직원이 2년까지 쓴다. 내가 손녀딸을 길러보니까 아이가 엄마에게서 안 떨어지려고 하는 기간을 알겠더라. 남직원도 많이 쓴다. 또 우리는 회사 식당에서 세끼를 무료로 준다. 여직원 중에는 남편까지 회사에 와서 밥 먹으라고 하는 사람이 있다. 밥 안 해도 되니까.

다 무료로 준다. (여직원 남편 중에는) 내가 여러 번 마주치다 보니 우리 직원인 줄 오해한 사람도 있다. 내가 "어느 부서냐"고 물으니까 "저 직원 아닙니다. 제 와이프가 다닙니다" 그러는 거야(웃음).

PART
14

5단계 기업론

서정진은 자신에게 특별히 내세울 기업가정신이 없다고 말한다. 1단계는 그저 망하지 않기 위해 죽기 살기로 발버둥 쳤고, 2단계는 돈을 벌기 위해 뛰었다. 3단계는 애국자인 것처럼 일했고, 4단계는 어려운 사람을 돕는 데 재미를 들였다고 한다. 이제 5단계로는 이상적인 회사를 만들어야겠다고 생각한다. 서정진이 꿈꾸는 이상적인 기업은 어떤 모습일까?

기업가정신은 없다

'서정진의 기업가정신'은 무엇이라고 생각하나?

한 언론에서 기업가 시리즈를 기획하면서 내 얘기를 소개했다. 그런데 나에게 직접 들을 기회가 없으니까 이순우 전 우리금융지주 회장에게 물어봤나 봐. 나하고 친하니까. 그런데 하나도 안 맞아. 기자가 전화로 "그러면 회장님이 생각하는 기업가정신이 뭐냐"고 묻기에 "나는 기업가정신이 없다"고 했다. 그랬더니 그렇게 말하면 안 된다는 거야. 다른 사람들은 뭐라고 했냐고 물으니까 기사를 찾아보래. 그래서 기사를 읽은 뒤 전화해서 말했다. 나는 그 사람들처럼 똑똑하지 않고, 큰 꿈을 갖고 사업하는 것도 아니다. 대우 망가지고 내 밑에 있던 애들이 같이 그만두고 나서 대책 없이 있기에, 죽든 살든 해보자며 5000만 원 들고 시작한 게 우리 회사다. 그때는 무엇을 하려고 한 게 아니라 일단 해보자고 한 거다. 처음에 토의한 게 '무엇을 할 것인가'였다.

당시 인천 연수구청의 벤처센터에서 처음 만든 회사가 넥솔이다. IT(정보기술)를 포함해서 다양한 사업의 가능성을 타진한 것으로 아는데, 바이오 쪽이 좋겠다는 아이디어가 바로 떠올랐나?

아니다. 아무리 생각해도 안 떠올랐다. 한국에 더 있다가는 고문당하는 기분일 것 같았다. 와이프가 자꾸 무엇을 할 거냐고 물었다. 부하들도 뭐 할 거냐고 그랬다. 할 게 생각났으면 벌써 했지. 그래서 도망이나 가자는 생각에 미국으로 가겠다고 했다. 와이프가 "잘 생각했다. 큰물에서 생각하고 오라"고 그러더라. 부하들도 역시 제대로 생각했다는 거야. 그래서 미국으로 갔다.

1~5학년 기업론

당시에 간 곳이 세계 바이오산업의 중심지인 샌프란시스코였다. B형 간염 바이러스를 발견해 1976년 노벨의학상을 수상한 바루크 블럼버그(Baruch Blumberg) 박사 등 생명공학 분야의 세계적인 석학들을 만나고, 세계적 생명공학회사인 제넨텍(Genentech)도 방문했다던데 바이오시밀러 사업의 가능성이 바로 눈에 들어오던가?

미국에 간다고 바로 대책이 나오겠나? 또 그 당시에 무슨 기업가정신으로 기업을 만들었겠나. 솔직히 무엇을 해서 먹고살아야 할까 고민했지. 하지만 바이오 쪽으로 사업 방향이 정해지고 난 뒤에는 죽기 살기로 했다. 망하면 큰일 나니까. 패가망신하는 것 아니냐. 그래서 그때는 본능적으로 돈 되는 짓은 다했다. 좋은 일이든 나쁜 일이든 가릴 틈이 없었다. 본능적으로 움직이는 거야. 돈이 된다고 하면 새벽에 불러도 나가고 구두에다 술을 부어줘도 마셨다. 주는 대로 먹는 거지. 사실 2000년대 들어 돈 있는 애들은 모두 술집에 있었다. 나도 거의 매일 술집을 갔다. 그리고 집에 오면 새벽 4시쯤 됐다. 우유 배달이나 신문 배달하는 사람들이 "같이 밤일 한다"고 반가워했다(웃음). 죽을 둥 살 둥 하다 보니 회사가 어느 정도 틀이 잡히더라. 그다음에는 돈을 벌려고 일을 했다. 돈을 쓰려면 벌어야 하니까. 우리 돈 벌면 저 집 사자는 식으로 말하잖아. 나는 서민 출신이라 돈이 얼마나 있어야 행복한지 뭐 그런 건 생각해본 적이 없다. 별 재미가 없더라고. 남자들이 돈 쓴다고 밥을 네댓 끼씩 먹겠나, 아니면 옷을 두 벌씩 입겠나. 원래 나는 도박은 안 해. 재미가 없더라고. 그런데 술집 가는 것도 힘들어. 맨날 와이프에게 상갓집 간다고 둘러댔는데 반년이 지나니까 더 이상 죽일 놈이 없어. 내 친구 부모님은 이미 다 돌아가신 거야(웃음). 이게 뭐하는 짓인가 싶은 거지. 술집에 가면 거기서 일하는 애들이 영업 사장 온 줄 알고 전날 실적까지 보고해줘. 맨날 먹는 거 또 먹고 하는 짓거리도 똑같으니 재미가 없더라.

어떻게 다시 마음을 잡았나?

누구와 대화를 하다가 "바이오산업 불모지인 우리나라에서 이 사업하는 것도 의미 있는 것 아니냐"고 말했는데 그 사람이 나보고 애국자라고 하는 거야. 듣기에 좋았다. 얼떨결에 내가 애국자가 된 거지. 직원들에게 우리 사회가 어떻고, 조국이 어떻고 하다 보니 나 스스로 최면에 걸렸다. 그런데 금감원이 (시세조정 혐의로) 조사하고 검찰이 수사를 했다. 조국이 나에게 해준 게 그런 것밖에 없는 거야. 그러니까 더 이상 애국자 놀이도 하고 싶지 않더라. 그래서 우리 회사에 있는 태극기를 다 치우라고 했어. 직원들이 "어디 가서 그런 얘기하지 마라, 그러다 진짜 조사받는다"고 말렸다. 무엇을 하려고 하면 왜 해야 하는지 당위성이 있어야 하잖아. 그래서 그때 생각한 게 불우이웃돕기였다. 불우이웃을 돕는 게 나를 행복하게 하는 거더라고. 어려운 사람들을 만나보면 우리가 얼마나 행복한지를 알게 돼. 직원들하고 같이 몇 번 쪽방에 연탄배달을 하러 갔는데, 내 덩치에는 좁은 곳에서 연탄 나르는 게 정말 힘든 일이다. 한 어르신이 나보고 머리가 나쁘대. 우리가 연탄 쌓아놓고 가면 다시 꺼내서 팔아야 한다는 거야. 겨울철마다 많은 사람들이 와서 연탄 배달하고 사진을 찍는데 쪽방 사람들한테는 이해가 안 가는 거야. 돈으로 주면 요긴하게 쓰는데 굳이 연탄을 광에 쌓아놓고 가니까. 그래서 이것도 아닌 것 같았지.

정리하면 1단계는 망하지 않으려고, 2단계는 돈을 벌기 위해, 3단계는 애국심으로, 4단계는 어려운 사람들을 도우려는 마음으로 사업을 했다는 거네.

지금까지가 그렇게 1~4학년 단계였다. 그다음 5학년은 어떤 기업의 모습을 보일까 생각한다. 이상적인 회사를 만들어야겠다는 생각을 본능적으로 한다. 1학년 기업이 많아야 에너지가 있다. 2학년 기업도 많아야 한다. 3, 4학년으로 올라가는 기업이 많으면 우리나라의 미래는 밝을 것이다. 또 1, 2학년 기업이라고 나쁜 게 아니다. 나름대로 다 존재 이유가 있다. 나도 의식적으로 올라오려고 한 게 아니라 본능적으로 그렇게 됐다. 기업가정신이 없다가 경험이 쌓이니 개똥철학이 생기더라. 기업이라는 게 다 그런 것 같다. 모든 회장이 자기 직원들에 대한 애착이 있다. 직원들이 밝게 웃는 것이 자식들 웃는 것과 같다. 직원들이 회장님 반갑다고 인사하면 손주들 보는 것 같다. 내 재산이 10조 원이라고 치자. 그게 5000억 원 더 늘었다고 기분이 좋겠나? 그냥 숫자일 뿐이다. 2학년까지는 그 숫자가 중요하다. 하지만 그다음은 아니다.

본능적으로 이상적인 회사를 만들어야겠다는 생각을 한다고 했다. 아직 완성된 것은 아니더라도 서 회장이 추구하는 기업가정신의 큰 방향은 있지 않겠나?

계속 이상향을 향해 나가는 것이다. 진정한 기업가정신을 찾아서 진보, 발전하는 것이다. 어차피 인생에 정답은 없잖아. 케이스 바이 케이스로 그때그때 맞춰가는 거다. 내가 제일 잘하는 것을 열심히 해서 회사, 직원, 주주, 사회에 도움 되는 일을 하려고 한다. 비즈니스를 하면서 더 중요한 것은 수치, 즉 실적보다는 명분이다. 명분을 좇다 보면 이익이 자연히 따라오고 수치를 좇다 보면 고객과 사업 파트너를 모두 잃는다.

PART
15

회장은 왕이 아니다

서정진은 2015년 65살 정년 퇴임을 약속했다. 2020년 12월 말 직원들에게 고별인사를 하며 그 약속을 이행했다. 서정진은 회장이 나이가 들면 '꼰대 짓'을 한다고 말한다. 회장이 꼰대가 되면 회사가 큰일 난다면서 "회장은 왕이 아니다"라고 외친다. 재벌 회장들은 그동안 무소불위의 권한을 휘두르며 '황제경영'을 한다는 평가를 받아왔다. 하지만 서정진은 80년 재벌 역사를 단번에 뒤집어놓았다. 서정진은 이병철 삼성 회장과 김우중 대우 회장을 곁에서 지켜보면서 그런 결심을 했다고 털어놓았다. 또 김우중 회장이 외환위기를 일시적 현상으로만 보고 경영적 오판을 한 것이 대우 해체의 원인이 됐다고 안타까워한다.

65살 정년 퇴임 약속

65살이 되는 2020년 말에 정년 퇴임한다는 약속을 했다. 많은 사람들이 정말 약속이 지켜질지 궁금해한다.

기관투자자들을 대상으로 IR 행사를 했는데 진짜로 은퇴하느냐는 질문이 나왔어. 기다려보면 안다고 했지. 친한 회장들도 진짜 하는 거냐고 물어. 진짜라고 하면 "우리 둘만 있으니까 솔직히 말해봐. 무슨 일 있어?"라고 묻는다. 내년에 무슨 일이 벌어질 걸 알고서 미리 정년 퇴임을 선언하는 사람이 어디 있겠냐고 하면, 그제야 그렇겠다면서 고개를 끄덕인다.

그런 결심은 언제 했나?

2014년에 회사의 정년을 직원 60살, 임원 65살로 정했다. 다들 회장은 어떻게 되냐고 물어. 그래서 회장도 임원과 똑같이 하라고 했다. 2015년에 후배들에게 대표이사 자리를 물려주면서 공식 발표했다.

한국의 그룹 총수들은 건강이나 사법적 문제가 없다면 죽어야 경영에서 물러나는 게 오랜 관행이다. 예외가 있다면 70살에 스스로 물러난 구자경 LG그룹 명예회장 정도도. 정년 퇴임을 생각한 이유가 무엇인가?

샐러리맨 경험이 있다 보니 이전부터 언제 은퇴할까 고민했다. 가만히 생각해보니까 65살에는 물러나야겠더라고. 내가 모신 회장들이 변해가는 것을 봤다. 70살이 넘으면 안 되겠더라. 그러면 손을 안 놓는다. 능력 있을 때 떠나야 한다. 우리 사장들이나 임원들도 65살까지 데리고 있는 게 무리야. 꼰대 짓을 해(웃음).

무슨 꼰대 짓을 하나?

초중고 친구들을 만나면 다 꼰대야. 꼰대들의 특징이 자기 고집만 세고 남의 얘기에 동의를 안 해. 지난번 친구들을 만났더니 당구를 치러 가재. 당구장에 갔더니 저녁으로 짜장면 내기를 하자고 해서 좋다고 했어. 그런데 당구를 치면서 계속 싸우는 거야. 밥집 가서도 계속 싸워. 너희들 매일 이렇게 싸우냐고 물으니까 "저놈만 끼면 매일 싸운다"는 거야. 그래서 그 친구에게 왜 싸우냐고 물어보니까, 반대로 "쟤 땜에 싸운다"는 거야. "집에서 만 원 들고 나와서 지하철 타고 당구장에 와서, 저놈이랑 하루 종일 싸우고 밥 먹고 다시 지하철 타고 집에 간다"면서, "이 맛에 산다"고 해. 안 싸우면 얘깃거리가 없대. 지하철 무료 이용권(65살 이상)을 거저 주는 게 아니다. 꼰대 라이선스다(웃음). 공식적으로 너 노인네라고 하는 것이다. 모두 자기는 노인이 아니라고 하는데 하는 짓은 모두 노인네다.

스스로도 꼰대 짓 한다고 생각하나?

나도 60대 중반이 되니까 정신이 없어 깜박깜박한다. 그래도 60대 중반 치고는 내가 덜 꼰대스러운 것 아니냐? (웃음) 기업의 선장이 꼰대면 큰

일 난다. 꼰대의 특징이 아집이 강하고 남의 말을 안 듣는 것이다. 그러면 배(기업)를 좌초시킬 수 있다. 대단한 일이 아니라 안전장치를 두려는 거다. 회사를 위해서는 은퇴하는 게 맞다. 주변에서 아쉬워할 때 떠나는 게 좋다. 70살이 돼서 떠나면 아쉬움이 덜할 것 아니냐. 웃기는 것은 2015년부터 이 얘기를 했는데, 주변에서는 정부에 대한 불만 때문에 정년 퇴임한다는 거야. 정부에 저항하자는 게 아니다.

다른 그룹 회장들은 정년 퇴임에 대해 뭐라고 하나?

욕먹고 있다. 미리 은퇴하는 미친놈이 어디 있냐는 거지. 전혀 도움이 안 되는 일만 하고 돌아다닌다고 해. 그리고 나보고 좌파래. 자기들 같으면 안 할 것 같대. 그래서 회장도 정년을 지켜야 한다고 했다. 정년을 왜 정하나? (나이를 먹으면) 조직에 도움이 안 되니까 정하는 거 아니냐. 회장이 신이 내린 아들도 아니고, 다른 사람은 (나이가 들면) 다 조직에 도움이 안 되는데 회장만 불로초 먹어 도움이 된다고 하면 어떻게해. 그건 회사가 아니라 왕국이라고 했다. 사실 (한국 기업 현실에서) 회장이 거의 왕이잖아. 그러니 왕을 계속하고 싶겠지. 말 한마디 하면 다 되지 않나. 사실 은퇴를 제일 반대하는 사람이 와이프다. 내가 은퇴하면 자기까지 낙동강 오리알 된다고. 하지만 나는 왕이 아니다. 회장은 그냥 타이틀일 뿐이다. 사실 다른 파운더들 중에도 뒤로 빠진 사람들이 많다. 이 짓을 왜 계속해야 하느냐는 갈등이 많은 거지. 또 이만하면 충분하다는 생각도 있다. 사실 돈 벌러 제일 많이 뛰어다니는 게 대장이다. 밑에서 일하는 게 훨씬 쉽다. 뛰다 보면 '젠장, 언제까지 이 짓을 해야 하나'라는 생각이 든다. 빨리 은퇴해서 나도 인간답게 살아보자는 생각이 드는 거지. 커리어가 늘다 보니 요즘에는 1년 일하면 과거 몇 년의 성과가 난다. 전 세계에 크레디트가 생겼다. 늘 텐션(긴장감)을 갖고 일하다 보니까 힘이 든다. 은퇴 날짜를 언제라고 미리 박아놓기를 잘했다고 생각한다. 직원들도 좋아한다. 자기들도 회사의 최고경영자가 될 수 있다는 생각을 한다. 회사에 대한 충성도가 더 높아진다.

김우중 회장의 실패에서 얻은 교훈

과거에 모신 회장들이 변해가는 것을 보면서 정년 퇴임을 결심했다고 했다. 이병철 삼성 회장과 김우중 대우 회장을 말하나?

두 분 회장을 옆에서 보고 느낀 게 지금 내가 하는 것의 기초가 됐다. 70살 넘으면 거의 브레이크 없는 기관차가 되더라. 그런데 70살이 넘었다고 은퇴하는 회장은 없다. 옆에서 용비어천가만 부르기 때문이다. 다들 "회장님은 아직 청춘이십니다. 저희들보다 훨씬 총명하십니다"라고 한다. 김우중 회장이 연세가 드니까 1년 단위로 사람이 바뀌더라. 나이가 들으니 제대로 의사결정을 못해. 고집이 세지고 오판을 한다. 말기에는 남의 말을 듣지 않았다. 예스맨만 곁에 두고. 그렇게 하면 안 된다고 말하면 "알았어" 하는데, 다음날 보면 다른 사람에게 이미 일을 시켰어. 개가 "알겠습니다"라고 하면 나만 뻘쭘해져. 정년이 달리 있는 게 아니라고 느꼈다. 회장은 중요한 의사결정을 하는 사람이다. 회장의 정년은 직원보다 짧으면 짧았지 길면 안 된다. 회장이 의사결정을 잘못하면 회사가 큰일 난다. 사장이 잘못하는 것과 비교가 안 된다.

김우중 회장의 그런 판단이 1999년 대우그룹 해체에도 영향을 미쳤다고 보나? 과거 대우 경영진 중에는 김 회장이 대우자동차와 나머지 부분 중에서 하나만 살리는 선택을 했다면 대우그룹 해체는 막을 수 있었을 것이라고 아쉬워하는 사람도 있다.

대우가 무너진 가장 큰 이유가 정세 판단을 거꾸로 한 것이다. 외환위기 때 내실을 기해야 하는 시점에서 투자 적기라고 생각해서 과잉투자를 했다. 쌍용차를 인수한 데 이어 르노삼성까지 인수하려고 했다. 우리 것도 자산매각을 해서 부채를 줄여야 할 판에 (다른 업체를) 인수하면 빚이 더 늘어나는데 어떻게 할 거냐고 내가 결사반대했다. 하지만 김우중 회장은 (당시 위기는) 아주 일시적인 현상이고 현대차와 대우차의 빅2체제로 만들어야 한다고 했다. 결국 빚이 2조가 늘었다. 금융기관이 모두 등을 돌렸다.

외환위기 당시 대우차 매각을 시도한 적도 있지 않나?

내가 일본 도요타에 특사로 갔다. 도요타 회장이 나를 예뻐했었다. 도요타 회장이 "나를 아예 만나지 못했다고 보고해라. 나에게 매각 얘기를 했는데 안 들어줬다고 하면 좋을 게 없을 테니"라고 하셨다. GM과 대우차 매각 협상을 할 때는 실무 책임자가 김형기 셀트리온헬스케어 부회장이고 그 위에 내가 있었다. 그런데 (김우중 회장이) 돈을 더 받아야 한다고 난리를 쳤어. 할 수 없이 숫자를 고쳐서 서류를 가져갔다. GM이 그걸 보더니 "이렇게 좋은 회사를 왜 팔려고 하느냐"고 비웃더라. 그래서 다시 고쳐서 갔더니 이제는 대우를 못 믿겠다는 거야. 결국 GM은 대우차를 1원도 안내고 인수했다. 오히려 산업은행 지원을 받고 가져

갔다. (대우를 살릴 수 있는) 기회는 여러 번 있었다. 그런데 (김우중 회장이) 남의 얘기를 듣지 않았다. 이전에는 공격적이더라도 합리적이었다. 그런데 말기에는 고집이 심해졌다. 한 번 하겠다고 마음먹은 것은 한 발짝도 물러서지 않더라.

김우중 회장은 이헌재 금융감독원장이 중간에서 대우 지원을 방해해 쓰러졌다면서 '대우 타살론'을 주장했는데.

대우가 정치적 이유로 망한 것은 아니다. 정부의 탄압을 받은 것도 아니다. 정부가 봐주지 않은 것은 있을지 몰라도 이헌재 금융감독원장이 중간에 농간을 부려서 멀쩡한 대우를 무너뜨린 게 아니다. 이헌재 금융감독원장은 대우의 약점을 잘 아는 사람이다. 대우가 (위기를 극복할) 능력이 안 된다고 판단한 것이다. 김대중 대통령이 처음에는 김 회장 얘기를 경청했다. 하지만 이헌재 금융감독원장의 얘기를 듣고 조심해야 할 사람이라고 생각한 것 같다. 김 회장은 김 대통령을 믿었던 것 같다. 김 회장이 주위의 얘기를 안 듣고 잘못된 경영 판단을 했다.

대우 경영진들은 김우중 회장에게 뭐라고 건의했나?

스태프들은 증자를 하자고 건의했지만 김우중 회장이 받아들이지 않았다. 자기 주식 지분이 워낙 적다 보니 꺼린 것이다. 증자를 하면 오너십(ownership, 소유권)이 사라지니까 대신 대출에 의존했다. 스태프들은 폭풍이 왔으면 그에 맞게 대처해야지 과적을 하면 배가 넘어간다고 반대했다. 하지만 일시적 현상이고 지나가는 소나기라며 무시했다. 국가부도가 어떻게 소나기인가. 외환위기를 너무 쉽게 생각했다. 안타깝다.

김우중 회장이 1998년 전경련 회장을 맡았을 때는 무역흑자 500억 달러 달성이 가능하다고 주장하는 등 국난 극복에 앞장서기도 했는데.

당시 대우가 가장 싼 금리로 자금을 썼다. 삼성이 벤치마킹하러 왔을 정도다. 외화도 대우가 가장 많이 보유했다. 그런데 외환위기가 닥치는 것을 겨우 보름 전에야 알았다. 김 회장에게 심상치 않으니 신속히 대처해야 한다고 보고했지만 김 회장은 일시적 현상이라고 했다. 우리에게는 사업의 기회이니 이를 최대로 살리라고 지시했다. 그 와중에 꼭 간신이 나타난다. 그 양반 입맛에 맞는 얘기만 했다. 그게 간신들의 특징이다.

회장이 멀쩡할 때 물러나야 한다

정년 퇴임 약속을 후회한 적은 없나?

솔직히 나도 오래 하고 싶어. 더 리얼하게 말하면, 그룹 총수들 중에서 은퇴하고 싶은 사람이 있겠나? 미리 직원들에게 (정년 퇴임을) 말한 것은 그만두기 싫을까 봐 그런 것이다. 약속을 지킬 수밖에 없게 아예 못박아놓은 것이다. 이제는 쪽팔려서라도 더 있을 수가 없게 됐다. 물론 우리 주주들은 싫어한다. (우리나라 재계에서) 70살까지 은퇴하지 않은 회장의 말로가 좋았던 적이 없다. 우리 기업의 문제들은 회장이 빨리 퇴진하지 않아서 생긴 게 많다. 이상적인 것이 정답일 때가 많잖아. 믿어줬으면 좋겠어. 나는 도덕군자가 아니다. 현실주의자다. 아직 욕먹지 않을 때 물러나는 게 좋다. 욕먹을 때 물러나면 회사가 망가진다. 내 이미

지도 버리고. 지금 그만둬야지, 내가 이만큼 했는데 너희는 뭐하느냐고 할 말도 있잖아. 스스로의 능력을 잘 안다. 내가 가지고 있는 건 다 써먹은 거 같다. 바닥을 봤다고 생각하면서도 내가 계속 존재한다면 큰일 나는 짓이지. 더 젊은 애들이 자기 것을 내놓도록 해야 한다. 회사는 내 새끼랑 똑같은데 자기 새끼 잘못되게 할 사람이 어디 있나.

가족들은 이해하던가?

와이프도 처음에는 황당해하고 이해 못하겠다고 했지. 그래도 내가 은퇴를 준비하면서 하루에 전화로 4~5시간 정도 일하고 나머지는 와이프와 생활하니까 좋아하더라. 코로나 사태 이후에는 재택근무를 원칙으로 일한다. 집이 사무실이 됐다. 와이프가 한국에서 놀 거야, 해외에서 놀 거야 묻기에 처음에는 가급적 해외에 나가자고 했다. 한국에서 놀면 직원들이 눈치를 볼 테니. 그래서 (나를) 잊어버리고, 망각하게 하자 싶었다. 비서팀도 절반은 내가 데리고 가고 절반은 큰아들에게 보낸다고 했다. 회장이 맨정신일 때 교통정리를 하고 손을 떼야 한다. 창업주가 멀쩡할 때 소유 경영 분리를 해서 전문경영인 중심 체제를 갖추면 난리가 안 벌어진다. 삼성 이병철 회장이 이건희 회장을 후계자로 임명했지만 큰아들과 결국 척을 지면서 일이 복잡해진 것 아니냐. 현대, SK, 롯데, 한화, 두산, 금호, 효성도 서로들 난리가 났잖아. 그나마 나은 것이 LG다. 70살이 되면 물러난다고 하는 사람은 결국 안 물러난다. 더 집착한다. 냉정하게 생각하지 못하고 더 고집스러워지고 꼰대가 된다. 65살이 지하철 무료 이용권 주는 나이다. 왜 주겠나? 수고했으니 이제는 쉬라는 뜻이다. 정상적인 활동을 하기에는 나이가 들었다는 얘기다. 언제 물러나야 하느냐, 지하철 무료 이용권 받을 때다.

앞으로 10년, 20년 지나면 서 회장처럼 정년 퇴임하는 회장이 많이 나오지 않
겠나?
나 혼자는 아니겠지.

자택을 사무실처럼 사용하면 비용은 어떻게 처리하나?
회사 일로 쓰는 비용과 내가 개인적으로 쓰는 비용을 구분한다. 개인
비용은 내 돈으로 처리한다. 예를 들어 분당 자택의 풀 뽑는 사람 인건
비는 내가 낸다.

다른 그룹의 경우 회장들이 불법행위로 재판을 받으면서 변호사 비용을 회사
돈으로 쓴 게 드러나 처벌받는 일도 종종 벌어지는데.
큰아들이 해외 출장 갈 때는 비즈니스석을 탄다. 회사에서는 이코노미
석만 지원하는데, 몸이 나처럼 커서 못 앉는다. 두 좌석의 차액은 아들
이 직접 부담한다.*

● 서정진 회장의 큰아들인 서진석은 셀트리온의 수석부사장을, 둘째아들인 서준석은 이사
를 맡고 있다.

셀트리온에는 비서실이 없다

이병철 회장이 비서실의 인의 장벽에 갇혔다고 했다. 셀트리온 비서실은 어떤가?

우리는 회장 비서실(삼성처럼 그룹의 컨트롤타워 역할을 하는 비서실)이 없다. 나는 여비서 두 명뿐이다. 그것으로 충분하다. 비서실에 인원을 많이 두면 옥상옥(屋上屋, 지붕 위에 또 지붕을 얹는다는 뜻으로 불필요하게 이중으로 하는 일을 가리키는 말)이 된다. 나는 비서실 니즈가 없다. 회장 비서실 병폐를 내가 샐러리맨 해봐서 잘 알지 않나. 다른 그룹은 사장도 회장 비서 눈치를 본다. 하지만 셀트리온에서는 내 비서 눈치 보는 사람은 한 명도 없다. 비서의 일은 내 스케줄 관리하고, 내 메시지 주고받는 것이다. 업무를 좌우할 수 없다.

행사 원고는 누가 준비하나?

내가 직접 한다. 다른 그룹 회장의 연설문은 대리가 작성한 뒤 위로 죽 올라간다. 작성하는 데 걸리는 시간은 1시간인데 결재는 일주일이 걸린다. 그래서 '대리경영' 한다고 말한다(웃음). 나는 원고를 직접 작성한다. 밑에 안 시킨다.

시간이 오래 걸리지 않나?

10분이면 끝나. 미리 작성 안 한다. 실무자가 준비한 것에는 쓸 게 거의 없다. 회장이 알고 있는 고급 정보가 (밑의 직원들에게는) 없기 때문이다.

비서실 외에 지원 인력은?

나와 와이프의 경호원 6명이 있다. 대신 운전기사와 수행비서는 따로 없다. 경호원들이 다 병행한다. 내가 늦게 귀가하면 와이프가 무서워한다. 와이프가 납치라도 되면 찾아야 하지 않나. 꼭 찾을 필요는 없지만 안 찾으면 비난할 거 아니냐(웃음). 재계에 총수 가족을 상대로 한 강도 사건이 많아. 외부로 안 알려져서 모를 뿐이지. 밖으로 알려지면 더 관심을 끄니까 쉬쉬하는 거야. 경호원들은 교대조로 운영한다. 와이프 경호원은 청와대 경호실 출신이다. 내 군대 후배들이지. 와이프 경호원들은 파, 두부 같은 것들도 사들고 다닌다. 와이프를 도와야 하니까. 나는 24시간 일한다. 경호원 중 1명은 항상 우리 집에서 야간 대기를 한다. 전 세계 비즈니스를 하다 보면 시도 때도 없이 메일이나 전화가 온다. 밤에 급한 전화가 오면 경호원이 나를 깨운다.

체력적으로 힘들지 않나?

잠을 잘 못 자는 게 제일 문제다. 쪽잠을 잔다.

회장 주재 회의는 모두 전화로 한다

회장 주재 회의는 어떻게 하나?

우리 회사는 창업 이래 회장이 주재하는 (오프라인) 회의가 없다. 제일 먼저 아침 9시쯤 부회장들과 다중 전화회의를 한다. 가장 많이 하는 질문이 "오늘 나와 상의할 것 있니?"이다. 시간은 5분 정도 걸린다. 그다음에 사장들과 전화회의가 끝나면 9시 15분. 그다음은 임원들, 팀장들하고 한다. 전화회의에서 그날의 일거리를 준다.

간단한 전화회의로 회사의 모든 중요한 의사결정이 가능한가?

파운더이기 때문에 가능한 일이다. 파운더는 사업의 디테일에 대해 잘 알고 있다. 자세히 보고받지 않아도 된다. 파운더가 아니면 오래 보고받을 수밖에 없다. 우리 그룹에서는 회장용 보고 자료가 없다. 말로 물어보는 것으로 끝이다. 그것이 끝나면 전 세계 주재원들과 통화하면서 나라별로 지시를 한다. 그러면 세계와 한국에서 할 일이 모두 짜인다. 굳이 모일 필요가 없다. 전화로 회의를 해도 아무 지장 없다. 나에게 보고서 만들어오면 왜 만들었냐고 나무란다. 말로 하라고 한다. 말로 하면 5분 이상 얘기할 게 없다. 내가 대우에 있을 때 조사한 적이 있다. 사무직 직원이 하는 일의 절반이 보고서 만드는 것이다. 그런데 그렇게 만든 보고서에 정작 필요한 대책은 빠져 있다. 그냥 문제점만 나열돼 있다. 가장 잘못된 관행이다.

전화회의를 하는 모습이 상상이 안 된다.

(서정진 회장이 비서에게 업무용 전화기를 가져오도록 지시했다.) 회장이 업무 점검 회의를 어떻게 하는지 직접 보여줄게. 마침 하루 업무를 마감하는 회의를 할 때다. (당시 시간이 오후 6시 정도였다.) 하루 중 업무 개시할 때와 종료할 때 두 번씩 전화회의를 한다. 회장이 주재하는 회의는 이게 다다. (서정진 회장은 회사의 분야별 책임자들 4~5명과 동시에 전화회의를 했다. 이런 다중 전화회의를 5~6개 팀과 순차적으로 이어갔다.)

팀별로 전화회의를 하는 시간이 불과 몇 분밖에 안 걸리네.

나하고 특별히 상의할 일이 있는지, 변동 사항이 있는지만 묻는다. (서
회장은 코로나 치료제 개발과 관련한 해외 임상시험 진행 사항을 중점적으로 물었다.)
이렇게 회의하면 되는데 뭐하러 모여서 하나. 그리고 나는 페이퍼로 회
의 못하게 한다. 다 아는 내용인데 뭐하러 해. 우리는 회장 회의라는 게
없다. 회장 결재도 없다. 부회장들이 다 알아서 결재한다.

언제부터 이런 식으로 회의를 했나?

(셀트리온이 설립된) 2002년 처음부터다. (서 회장은 대화를 하면서도 계속 다중
전화회의를 짧게 짧게 이어갔다.) 핵심 이슈만 공유하면 된다. 그래야 서로
사용하는 언어가 똑같다. 나는 교통정리만 하고 지침을 준다. 투자에
3000억 원을 쓰겠다고 할 때, 2500억 원으로는 안 되냐고 투자 범위를
정해준다. 그렇게 하겠습니다 하면 조정이 이뤄지는 거다. 별도로 2500
억 원짜리 계획서를 가져오는 게 아니다.

때로는 심도 깊은 토론이 필요한 사안도 있을 텐데?

회사에 토론할 만한 일이 없다. (옆의 비서를 향해) 임원들과 5분 이상 토
론하는 거 봤니? (비서가 못 봤다고 대답했다.) 논의가 필요한 이슈가 생기
면 바닥까지 내려간다. 중간은 다 빠지라고 한다. 그렇게 팩트를 정확
히 파악한 뒤에 책임자에게 전화를 한다. 대책을 세우라고 한다. 그건
해라, 그건 하지 말라고 지시한다. 창업자는 바닥까지 업무를 알아야
한다. 그래서 이런 방식이 가능한 거다.

주말에는 어떻게 일을 하나?

주말과 휴일도 평일과 똑같은 방식으로 한다. 회사라는 게 사건이 계속 생긴다. (그때 전화회의에 참여하지 못한 임원으로부터 전화가 걸려왔다. 그 임원은 샤워하느라 전화를 못 받았다며 죄송하다고 말했다.) 괜찮다. 상의할 일 없지? (서 회장은 바로 전화를 끊었다.)

다른 그룹 같으면 회장 전화를 안 받은 임원은 심한 경우 잘리지 않았을까? (웃음)

우리는 일이 있어 전화를 못 받으면 나중에 통화한다. 운영의 묘다. 나와 전화회의를 하는 임직원들은 엄청난 프라이드를 가지고 있다. 회장과 하루에 두 번씩 통화하니까 회사 돌아가는 전체 상황을 나와 같이 듣는 것이다.

해외 출장이 잦은데, 그럴 때는 어떻게 하나?

해외에서도 항상 오전 9시(한국 시간)에 전화회의를 한다. 현지 시간이 새벽이라도 내가 맞춘다. 그래야 매일매일 회사 전체가 돌아가는 상황을 체크할 수 있다.

이사회는 거수기가 아니다

재벌 그룹 회장들이 왕처럼 군림하다 보니 이사회가 거수기에 불과하다는 지적을 많이 받는다. 셀트리온은 어떤가?

우리 이사회는 주요 주주들이 파견한 이사들로 구성돼 있다. 테마섹도 있고 원에퀴티파트너스도 있다. 만장일치가 아닌 일을 추진해본 적이 없다. 한 사람이라도 반대하면 동의할 때까지 그 과제를 수행하지 않는다. 우리 회사 이사회는 거수기가 아니다. 지금 이사회는 테마섹이 빠져 있다. 이사를 구태여 파견하지 않아도 투명성에 문제가 없다고 판단하기 때문이다. 우리가 주요 주주로서 필요한 사안은 사전 동의를 받는다. 그래서 우리는 형식적인 이사회는 하나도 없다.

PART
16

소유와 경영의 분리

서정진은 65살 정년 퇴임과 함께 소유 경영 분리도 약속했다. CEO는 전문경영인이 맡고, 두 아들은 계열사 이사회 의장을 맡아 대주주 역할만 한다. 경영 능력을 제대로 검증하지도 않고 아들에게 경영권을 물려주는 게 재벌의 오랜 관행이다. 서정진의 소유 경영 분리 역시 80년 재벌 역사에서 초유의 일이다. 서정진의 두 아들은 남들 다 가는 유학을 안 갔다. 아니 못 갔다. 서정진이 반대했기 때문이다. 서정진의 두 며느리는 모두 평범한 집안 출신이다. 두 아들이 연애할 때 아버지 신분을 여자 친구에게 미리 알리지 말라고 엄명했다. 혼맥을 중시하는 재벌가의 관행과는 거리가 멀다. 서정진은 자신이 만든 회사가 좋은 이미지로 남기를 바란다. 그러기 위해 국민이 싫어하고, 동의하지 않은 기업의 관행을 새롭고 바람직한 방향으로 바꾸고자 한다.

아들에게 CEO 안 맡긴다

2020년 말 정년 퇴임하면서, 소유와 경영을 분리해 전문경영인 체제를 확고히 하겠다는 약속도 했는데?

나는 2020년 말까지만 셀트리온그룹의 선장을 맡는다.[•] 그 이후에는 전문경영인들이 각 계열사의 선장을 맡아 경영을 책임진다. 2015년 후배들에게 대표이사를 물려주면서 임기를 10년 줬다. 하지만 지금 와서 보면 그들이 65살까지 일하기는 힘들 것 같다. 그다음에는 아래 후배들에게 CEO를 물려주는데, 임기는 5년을 주라고 했다. 내가 물러날 때 기우성 셀트리온 부회장과 김형기 셀트리온헬스케어 부회장은 빼고 나머지 60살 넘은 사람들이 함께 퇴진한다. (나와 함께 물러날) 순장조를 미리 찍어뒀다. 깨끗하게 물러나서 후배들에게 다 물려주자고 했다. 이 사람들을 위해 500억 원짜리 회사를 하나 인수할 계획이다. 주식은 은퇴자 이름으로 꿔주고 나중에 갚으라고 하면 된다. 퇴직자들도 노후에 살아야 할 것 아니냐. 먹고살 거 만들어주는 것이다. 축성조가 수성까지 하면 안 된다는 생각이다. 축성조는 축성이 끝나면 미련과 아쉬움 없이 수성조에게 넘겨야 한다. 축성조는 성을 쌓는 건 잘하는데 수성

단계가 되면 자기가 만든 성을 자기가 부순다.

두 아들이 회사의 수석부사장과 이사로 일하고 있다. 전문경영인들이 CEO를 맡으면 아들들의 역할은 어떻게 되나?

지금은 경영 수업 때문에 셀트리온 소속이다. 내가 물러난 뒤에는 셀트리온홀딩스 소속이 되라고 했다. 셀트리온도 아니고 셀트리온헬스케어도 아니다. 기존 계열사는 전문경영인이 맡고, 아들들은 계열사의 이사회 의장이 되라고 했다. 대표이사가 아니기 때문에 직접경영은 안 한다. CEO 임명 같은 대주주 역할만 한다. 그랬더니 아들이 1년에 이사회를 몇 번 하느냐고 묻더라. 그래서 대여섯 번 한다고 하니까 다른 시간에는 뭐하냐는 거야. 그래서 셀트리온홀딩스에서 나와 함께 미래 사업인 유헬스케어(U-Health Care)*를 하자고 했다. 유헬스케어는 4차 산업혁명과 헬스케어를 결합한 것이다. 아들들이 회사 경영에 기웃거리지 않도록 하는 게 중요하다. 이사회 의장만으로도 계열사에 영향을 미칠 수 있다. 하지만 자기 일이 바쁘면 감 놔라 배 놔라 할 수 없다. 내가 "전문경영인들은 나무를 잘 가꾸게 하고, 너희는 모를 심으라"고 했다. 지금은 우리가 안 하지만 앞으로 유헬스케어 시장이 1경(1조의 만 배)으로 커질 것이다. 우리 애들 혼자서는 못하니 내가 뒤에서 봐줘야 한다. 안정된 회사는 전문경영인이 맡고, 미래에 대한 준비는 오너가 하는 것이다. 앞으로 이런 실험을 해보려고 한다. 어떻게 될지는 나와 애들과의

• 유비쿼터스 헬스케어(Ubiquitous Health Care)의 약어. 유비쿼터스와 원격 의료 기술을 활용한 건강관리 서비스로 시간과 공간의 제한 없이 의료 서비스를 제공받을 수 있다.

싸움으로 남아 있다.

두 아들이 아직 30대. 서 회장이 이런 생각을 처음 얘기했을 때 가족들이 어떤 반응을 보였는지 궁금하다.

이런 얘기를 한 지 오래됐다. 2015년 이전부터다. 하루아침에 나온 얘기는 아니다. 이제는 (내 뜻을) 이해하는 것 같다. 지금 우리 회사 지휘 체계가 잘 잡혀 있다. 그 지휘 체계에 자기들이 들어갈 룸(자리)이 없다는 것을 잘 안다. 셀트리온은 대표이사 권한이 막강하다. 아무리 내 아들이라 하더라도 대표이사를 타고 넘을 수 없다는 것을 잘 안다. 또 앞으로는 경영권을 쥐고 있다고 해서 해먹을 수 있는 게 없다. 자회사 같은 것을 안 만들면 빼돌릴 것도 없다. 빼돌릴 게 없으면 원칙대로 처리하면 된다. 가끔 다른 회장들에게 경영권 행사해서 뭐하려느냐고 물어본다. 나는 행사할 게 없는데. 경영권 행사라는 게 결국은 자식들에게 빼돌리는 일이거든. 자기 일만 열심히 하면 경영권을 갖고 안 해먹어도 부자가 될 수 있다. 〈포브스〉가 나를 전 세계에서 몇 번째 부자라고 그러더라. 하지만 생활하는 데는 돈이 그렇게 많이 들지 않는다. 와이프도 거의 안 쓴다. 결국 튼튼한 기업 만드는 데 희열을 느끼는 것이다. 내 재산이 얼마인지는 그리 관심 없다. 돈은 벌러 가는 것이 아니라 가다 보면 따라오는 것이다.

재벌의 오랜 관행은 자식들에게 경영권을 물려주는 것이다. 자식의 경영 능력에 대한 검증도 없이 수단과 방법을 가리지 않고 경영권을 넘기려다 보니 편법·불법 논란이 제기되고, 결국 기업까지 위태롭게 만드는 부작용이 발생하고 있다. 소유 경영의 분리가 실현된다면 80년 한국 재벌 역사에서 최초가 될 것이다.

정년 퇴임을 하면서 어떻게 떠나야 하는지 생각했다. 폼 나게 떠나야 하는데, 이왕이면 바람직한 기업 이미지를 남겼으면 좋겠다고 생각했다. 소유 경영을 분리한다고 하면 남들은 믿지 않는다. 우리 회사가 처음 시도하는 실험이다. 나는 이렇게 가는 게 가장 바람직하다고 생각한다. 국민이 바라는 것은 기업에 대한 불신을 씻는 거잖아. 사실 소유와 경영을 완전히 분리하려면 내 지분을 모두 매각하는 게 가장 확실하다. 하지만 좋은 방법이 아니다. 중국 애들이 100% 산다. 내놓으면 즉각 팔린다. 그건 돼지 기르기(중소기업을 대기업으로 키우는 것)가 아니라 돼지 장사(기업 매각)를 하는 것이다. 기업을 이런 방식으로 처리하는 것은 좋지 않다. 또 아들들이 회장이 돼도 우리 회사의 내 지분만큼만 소유하는 거다. 진짜 최대주주는 소액주주다. 그들을 위해 일하는 거지. 경영권을 행사한다고 하는데 직원들에게 경영권 행사할 게 뭐가 있나. 이삭줍기를 해본 사람은 모를 못 심는다. 바람직한 모습을 만들어가야 한다. 방향은 있는데 구체적인 것을 어떻게 할지는 아직 생각 중이다. 우선 직원들과 사회에 한 약속을 지키려 한다. 남이 안 해본 일을 하기 때문에 시행착오도 있을 거다. 하지만 불신받을 짓은 안 할 것이다.

이삭줍기를 한 사람은 모를 못 심는다고 했는데, 무슨 뜻인가?

이삭줍기는 사장 하면서 직원들 보고받고 결재하는 것이다. 여기에 중독되면 안 된다.

소유 경영 분리 얘기를 다른 재벌 그룹의 3·4세들과도 할 기회가 있나?

대화하기 어렵다. 일하는 방식이 서로 너무 다르다. 파운더들은 이해를 하지만 그들은 실무를 한 적이 없으니까. 오로지 회장으로서 옹립을 당한 것이다. 자기가 인사권을 행사하는 것이 큰 권한이라고 생각한다. 그래서 '깜짝 인사'를 좋아한다. 하지만 나는 깜짝 인사를 안 한다. 예고된 인사를 한다. CEO에게 10년의 임기를 준다는 것은 안 흔든다는 뜻이다. 10년을 해야 자기 목소리, 자기 것을 만들 수 있다.

재벌 3·4세들이 회장직에 있는 것은 할아버지와 아버지를 잘 만났기 때문이다. 자기 능력이 뛰어나서 회장을 하는 게 아니라는 것을 알아야 하는데.

나도 아들들에게 비슷한 얘기를 한다. 너희들이 내 아들인 게 축복인지 재앙인지 모르겠다고. 또 불로소득으로 많은 재산을 물려받는 것이 축복인지 재앙인지 모르겠다고. 요즘에는 아들들도 그 말에 동의한다. 그 돈 때문에 아빠처럼 살아야 한다면 지금부터 정나미가 뚝 떨어진다고 한다. 자기들 보기에도 내가 폼 나지 않아 보이는 모양이다.

바이오시밀러 개발에 최초로 성공한 글로벌 바이오기업의 총수로서 전 세계를 누비고 있는데 폼이 안 난다니?

전 세계에서 경쟁하다 보면 하루도 조용할 날이 없다. 매일 비상이다. 아들들도 그런 것을 보잖아. 머리 아프겠다고 생각하는 거지. 며칠 밤을 고민해서 해결하면 또 며칠 있다가 다른 일이 터진다. 아들들에게 대표이사는 안 준다고 하니까 하고 싶은 마음도 없다고 하더라. 이만한 규모의 회사는 바람 잘 날이 없다. 경쟁하는 회사가 어떻게 편안하겠

나. 경쟁을 하는데 조용히 싸울 수 있겠느냐. 일례로 특허에서 패소하면 큰 데미지를 받는다. 판결을 앞두고는 계속 보고를 받는다. 전화벨이 울리면 내가 바라본다. 그 순간 적막이 흐른다. 임상결과가 나올 때도 모두가 긴장한다. 직원들은 나에게 전화로 보고할 때 잘됐다, 안 됐다 두괄식으로 한다. 매일 긴장의 연속이다. 현장에서 뛰는 사람은 행복하지 않다. 〈포브스〉가 내가 우리나라에서 첫 번째, 두 번째 부자라고 한다. 그럼 당연히 행복해야겠지. 그런데 나는 정말 행복한가? 다른 사람들은 행복할 거라고 생각하는데 그렇지 않은 것 같아. 내가 제일 행복할 때는 직원들이 밝게 웃을 때다. 또 직원들이 블라인드 앱에서 자기네들끼리 덕담 나누는 것을 볼 때다. 돈은 숫자에 불과하다. 다른 재벌들은 모르겠고, 내가 만든 회사가 좋은 이미지로 남았으면 좋겠다. 국민이 싫어하고 동의하지 않는 문제는 새로운 방식으로, 바람직하게 가야겠다고 생각할 뿐이다.

서정진 퇴임 후의 셀트리온

서정진이 없는 셀트리온에 대한 걱정은 안 하나?

대우에서 내 밑에 있던 5명과 같이 창업했다. 모 그룹이 나하고 비슷하게 창업을 했는데 창업 멤버가 한 명도 안 남아 있다. 하지만 우리는 그대로 남아 있다. 3명은 부회장(셀트리온의 기우성, 셀트리온헬스케어의 김형기, 셀트리온홀딩스의 유헌영), 1명은 사장(셀트리온스킨큐어 문광영)이다. 1명은 직장 생활을 도저히 못하겠다고 해서 고문(셀트리온헬스케어 이근경)으로 있다. 재산이 몇백억 원대인데 와이프하고 미국에 가서 편안히 살겠다고 했다. 부회장들은 재산이 모두 1000억 원대다. 2015년 CEO로 임명하면서 임기를 10년 줬다. 힘든 일을 왜 계속해야 하냐면서 같이 은퇴하면 안 되냐고 했지만 CEO는 10년을 줘야 자기 그림을 그릴 수 있다. 내 동생이 셀트리온제약의 사장으로 있다. 기 부회장보다 나이가 많지만 깍듯하게 모신다. 동생에게 회사 기여도가 기 부회장보다 적다고 얘기한다. 나이가 많고 내 동생이라고 기 부회장에게 대들지 못한다. 친인척이라고 특혜가 있다고 생각하는 사람은 한 명도 없다. 우리는 특채가 없고 로열패밀리가 없다. 오래 근무한 사람이 로열패밀리다. 모 회장이 창업 멤버들이 배신 안 하냐고 묻기에, 배신하면 죽여버린다고 했다(웃음). 또 배신할 게 뭐가 있냐. 우리 부회장의 연봉 결정권은 내가 아니라 자신들에게 있다. 내 연봉은 부회장들 연봉의 1.3배로 정해져 있다. 스톡옵션과 우리사주라는 좋은 제도도 있다. 이미 큰 재산을 갖고 있다. 연봉에 집착을 안 한다. 자기들 연봉이 직원들에게 위화감이 있는지 없는지만 본다.

전문경영인들 간에 이견이 있을 수도 있는데.

서로 영역이 다르다. 셀트리온헬스케어는 셀트리온에서 약을 싸게 사와야 하고 셀트리온은 셀트리온헬스케어에 약을 비싸게 팔아야 한다. 서로 사이가 안 좋다(웃음). 그래서 기여도 평가법이라는 룰대로 가격을 결정한다. 가격 조정하는 데 3개월씩 걸린다.

삼성전자도 과거 최지성 부회장 시절에 삼성전기나 삼성SDI가 아니라 중국에서 값싼 부품을 사와 원망을 들었다고 한다.

서로 견제할 수밖에 없다. 기우성(셀트리온 부회장)과 김형기(셀트리온헬스케어 부회장)는 각기 자기 산하의 이익을 극대화하기 위해 노력한다. 셀트리온헬스케어의 매입 단가가 매출 단가가 된다. 그럼 치열하게 싸워야지.

앞으로 셀트리온과 셀트리온헬스케어가 합병하면 어떻게 되나?

합병하더라도 영역은 구분되니까 똑같다. 연구개발, 제조, 판매는 콘셉트부터 다르다. 한 사람이 다 하는 것은 불가능하다. 전문경영인은 자기 전문 분야가 있다. 내용을 모르는 사람이 연구개발을 하거나 영업을 하면 망한다. 연구개발하는 사람은 의사가 뭐라고 하면 무식한 놈이라고 들이받는다. 하지만 영업을 하는 사람은 상대방이 말도 안 되는 소리를 해도 "알겠습니다, 반영하겠습니다" 하고 들어줘야 한다. 그렇게 해서 (약을 사는) 의사가 기분 좋게 해야 한다. 간과 쓸개를 모두 빼고서야 영업하는 것이다. 반면 제품 개발은 간과 쓸개를 지켜야 가능하다.

두 아들의 유학을 막은 이유

아들들 교육 방법이 남다른 것 같다.

큰놈이 서울대를 졸업했을 때 카이스트 가라고 하니까 유학을 보내달라고 했다. 작은아들도 유학을 가고 싶어 했다. 우리 와이프와 애들이 짜고 데모까지 했다. 하지만 내가 가지 말라고 했다. 그래서 아무도 유학을 안 갔다. 전부 한국에서 공부했다. 우리 애들은 재벌 3·4세 모임에 한 번도 가본 적이 없다. 아들 친구는 모두 초중고와 대학 시절 동창들이다. 우리 애들은 다 전셋집에 산다. 차는 모두 카니발이다. 우리 집에는 외제차가 없다.

남들 다 가는 유학을 굳이 막은 이유는?

한국에서 보스를 하고 싶으면 한국에서 공부하라고 했다. 한국에서 보스가 되고 싶으면 봐도 못 본 척, 들어도 못 들은 척해야 한다. 하고 싶은 말이 있어도 참아야 한다. 똑똑한 건 기본이지만 똑똑한 척을 하면 보스가 될 수 없다. 부하가 따라오지 않는다. 내가 이걸 깨달을 때까지 한참 걸렸다. 아들들이 일찍 깨달을 수 있다면 나보다 나은 것이다. 아들들이 처음에는 돈 아끼려고 유학 안 보낸다고 불만을 보이다가 나중엔 내 말이 맞다고 했다. 친구들이 다 유학 다녀왔는데 자기들보다 똑똑하지만 싸가지가 없다고 하더라. 만나면 잘난 척을 하니 좋아하는 사람이 없는 것 같다는 거야. 직원들이 나를 좋아하는 이유는 내가 똑똑하지 않기 때문이다. 잘난 척하려고 해도 직원들이 더 똑똑하다.

며느리 후보들에게 나를 미리 알리지 마라

두 아들이 모두 결혼을 했다. 며느릿감은 어떻게 구했나?

아들들에게 결혼 상대자를 나에게 데려오기 전에 미리 내 아들이라고 말하면 안 된다고 했다. 큰며느리는 큰아들이 강남에서 춤 추다가 만났다는데 4년 이상 연애하다 결혼했다. 중앙대에서 사진을 전공했다. 처음 인사를 하겠다고 했을 때 비서들에게 사무실로 데려오라고 보냈더니 기겁을 하고 놀랐다고 한다. 내가 (아들을) 좋아하냐고 하니까 그렇다고 하데. 그럼 1년 뒤에 결혼하라고 했다. 며느리가 결혼한 뒤에 그 1년이 지옥 같았다고 울면서 털어놓더라. 내 신분을 알게 되면서 며느리 집안에선 이 결혼이 되겠냐고 걱정하고, 주위 친구들에게는 중상모략과 시기, 질투의 대상이 됐다는 거야. 재계에 정략결혼하는 일들이 많다. 그런 애들은 정이 가지 않는다. 잘난 척하는 애를 데려오면 내가 상전을 모시고 살아야 하잖아. 내가 뭐 아쉬운 게 있다고 그런 짓을 하나. 사돈 양반은 대기업에서 엔지니어를 하다가 정년 퇴임한 분이야.

둘째 며느리도 평범한 집안 출신인가?

둘째 며느리도 착한 애가 왔다. 와이프가 아는 분의 조카다. 부친은 기업 임원이고 엄마는 전업주부다. 우리는 아들이 좋아하면 결혼시킨다. 사돈이 다니는 기업의 회장에게 전화를 걸어서 내 둘째 며느릿감이 그 회사 직원이라고 하니까 진짜냐고 놀라더라. 며느리의 부친도 그 회사 임원이라고 하니 더 놀라고. 아무것도 모르고 있었던 거지. 나중에 그 회장이 따로 불러서 어떻게 된 거냐고 물었다고 한다. 졸지에 부녀가 그 회사에서 유명 인사가 됐다고 하더라.

PART
17

상속세 대타협론

국가와 가족이 반반씩 나누자

불법 상속은 엄단해야 한다

세금 없는 대물림은 한국 재벌의 잘못된 관행 중 하나로 꼽힌다. 그것 때문에 국민에게 비난을 많이 받는다. 서정진은 편법·불법 상속은 하기 싫다고 한다. 하지만 현행 상속세율은 세금을 내고 자녀에게 기업을 물려주기에는 높은 편이다. 기업을 물려줄 수 없다면 다른 사람에게 파는 길밖에 없다. 서정진은 그것도 싫다고 한다. 왜 애써 키운 기업을 외국인에게 넘기냐는 것이다. 서정진은 자신만의 해법을 제시한다. 상속 재산을 국가와 가족이 반반씩 나누는 것이다. 일종의 '상속세 대타협론'인 셈이다. 편법·불법으로 경영권과 재산을 물려받은 기존 재벌이 이런 얘기를 했으면 욕을 먹었을 가능성이 높다. 하지만 서정진은 자수성가한 창업주이고, 아직 아들들에게 주식을 한 주도 물려주지 않았다.

국가와 가족이 반반씩 나누자

정년 퇴임이 임박했는데, 주식 상속 준비는 어떻게 하나?

내 재산은 모두 내 이름으로 되어 있다. 다른 회장은 이미 (자식들에게) 넘어갔다. 지금의 상속세 제도로는 탈법을 하지 않는 한 (자식들에게 기업을 넘기는 게) 힘들다.

그럼 어떻게 할 셈인가?

정청래 더불어민주당 의원이 대학 후배다. 같이 밥을 먹다가 상속세 정책 좀 바꾸라고 했다. 상속세가 얼마냐고 묻더라. 최고세율 50%에 최대 주주에 대한 (경영권 프리미엄) 할증률 30%를 더하면 65%인데, 현금으로 내기 위해 주식을 팔면 양도세가 붙으니까 총 80% 정도라고 했다. 그렇게 높냐고 놀라면서 어떻게 할 거냐고 물어서 "도망가야지, 이민 가야지"라고 했다(웃음). 법을 고치라고 하니까 어떤 식으로 고치면 좋겠냐고 물어. 그래서 (물려줄 주식의) 반은 국가에 내고, 반은 가족한테 주는 게 맞을 것 같다고 했지. 기업인이 무에서 유를 만들었는데 반반씩 분배하는 게 바람직하다고. 대신 불법 증여나 불법 상속은 엄금해야지. 그러면 기업인들도 동의할 수 있을 것 같아. 앞으로는 세금 빠져나갈 구멍도 없다.

정 의원이 그런 방안에 공감하던가?

지방 국세청장을 지낸 양반한테 내 얘기를 들려줬더니 "서 회장 말이 맞다"고 하더란다. 그러면서 안 그래도 내가 어떻게 할지 지켜보고 있다고 했단다. 주식을 혼자 다 가진 사람이 나 하나뿐이어서, 내가 어떻게 하느냐가 시금석이 될 것으로 보고 있다는 거지. 또 주식을 국가와 가족이 반반씩 나누는 방안에 대해서도 나의 본심이었을 것이라고 했다더라. 상속세를 현금 대신 주식으로도 낼 수 있도록 해야 한다. 정부가 세금으로 받은 주식을 팔지 않고 계속 갖고 있으면 3대쯤 가서는 아예 국가 소유가 된다. 국가는 그때 기업을 팔아서 현금화할 수 있다. 그럼 부의 편중 이야기도 안 나올 거 아니냐. 정부로서는 세금도 받고, 기업도 지키고, 산업도 지키는 거지. 지금 상속세 제도는 현실성이 너무 떨어진다.

OECD 회원국의 상속세 최고세율이 평균 26%다. 우리나라가 높은 것은 부인할 수 없다.

2019년 초 마크롱 프랑스 대통령의 초청 행사에 갔다. 프랑스에서 전 세계 거물들 125명을 불러서 투자를 요청하는 자리였다. 베르사유궁을 통으로 빌려서 행사를 하는 거야. 나를 예우한다고 점심 먹을 때 국무총리 옆에 앉히기에 "너희의 고민은 뭐냐"고 물어봤어. 사회복지 시스템이 처음에는 청년 세 명이 노인 한 명을 커버했는데, 지금은 일대 일이래. 복지 시스템을 그대로 가져가자니 세금을 올려야 하고, 혜택을 줄이자니 모든 국민이 반대한다고 해. 프랑스 정부는 이것을 개혁하려 한다면서 나보고 프랑스에 투자를 하라는 거야. 자기들이 개혁에 실패하면 프랑스만의 문제가 아니라 OECD 전체의 문제라고. 이게 잘못되면 극좌로 가든, 극우로 가든 극단으로 간다는 거야. 극우는 독재로, 극좌는 공산주의로 가는 거지. 옆에 앉은 도요타프랑스 사장에게 마크롱에 대한 프랑스 국민의 인기가 어떠냐고 물으니까 바닥이래. 재선 확률도 높지 않다고 해. 근데 쟤들 왜 저러냐고 물으니까 누군가는 문제 제기를 해야 한다는 거야. 거기서 프랑스 일이 남의 얘기가 아니라는 것을 느꼈다. 프랑스 정부가 부자들에게 세금을 더 걷으려 했더니 모두 (외국으로) 도망갔대. 그래서 도망간 애들 불러들이는 작업을 하고 있다는 거지.

불법 상속은 엄단해야 한다

2019년 2월 〈한겨레〉와 인터뷰를 할 때 상속세에 대한 생각을 공개적으로 밝힌 바 있다. 그 후 정부 쪽 반응을 들어봤나?

그 인터뷰 직전에 청와대 인사들과 만났을 때 (상속세에 대해) 얘기를 할 예정이니 이해해달라고 미리 말했다. 정부와 가족이 반반 하자는 것인데 맞는 말 아니냐고 했다. 정부도 삐딱하게 보지는 않는다고 하더라. 반반 하는 게 좋은지는 모르겠는데 (상속세에) 문제가 있는 것은 알고 있다는 거지. 모든 사람들은 자기가 해놓은 것들이 어떻게든 계속 이어졌으면 좋겠다는 생각이 있다. 기업의 오너십이 완전히 없어지는 것은 좋지 않다. 우리나라에서 가장 손쉬운 방법은 기업을 파는 것이다. 그러면 현금이 나온다. 애들한테 현금을 물려주면 세율이 50%면 된다. 경영권 프리미엄이 없다. 하지만 회사가 다른 나라에 넘어가는 게 문제다.

우리나라 기업이 매물로 나와 중국 기업이 인수하면 본사가 우리나라에 있지 않고 중국으로 넘어간다.

다른 회장들은 서 회장 생각에 대해 뭐라고 하나?

내가 욕을 먹었다. 반이 말이 되냐고. 사실 이런 얘기를 할 사람은 나밖에 없다. 모 회장은 "난 상속증여 다 끝났다. 다른 사람하고 얘기하라"고 하더라. 나는 회장들에게 그런다. 이제 사회를 바꾸자고. 반(反)기업 정서 만들지 말자고.

회장들은 지나친 상속증여세가 기업인을 범법자로 만든다고 주장하지만, 국민들은 세금을 제대로 내지 않고 탈세를 하는 회장들에 대한 불신이 더 크다. 국민들의 불신이 큰 상황에서 상속세 인하는 쉽지 않다.

그래서 내 케이스가 문제 제기를 하는 데 좋다고 생각한다. 나는 자식이나 와이프에게 주식 한 주도 안 넘겼다. 그래서 상속세 얘기를 할 수 있다. 아들들이 세금 내고 (내 주식) 물려받는 것을 계산해봤더니 각자 상속세 내고 1조 원어치 정도의 주식을 받을 수 있는가 봐. 어차피 그 주식으로는 기업 지배가 안 되니 그 돈으로 그냥 식구들하고 땡까땡까 하며 살란다며 걱정하지 말라고 해. 그래서 내가 회사 걱정하지 너희들 걱정하냐고 그랬어. 아들들은 다른 길이 없다고 그래. 2014년 국내 종자시장 1위 업체인 농우바이오 대표가 갑자기 돌아가시자 유학 중이던 아들이 상속세 때문에 회사를 농협에 매각했어. 이후 회사가 무너졌나 봐. 나에게 여러 로펌이 찾아와서 상속세 솔루션을 찾아주겠다고 했는데 변호사비가 더 비싸다고 거절했다.

없다. 그냥 연구하자는 거지. 재벌들이 해온 수법도 벌써 다 막혔다. 내가 상속세 고쳐달라고 하는 수밖에 없다.

정부 모 인사가 다 알고 있으니까 공개적으로 상속세 인하 얘기 그만하라고 하더라. 왜 혼자 총대 메냐는 거야. 그래도 내가 말하는 게 합리적이다. 다른 사람은 사전에 상속증여 다 했기 때문에 말을 못한다.

PART
18

인간 서정진

서정진은 소탈하고 솔직하다. 그리고 서민적이다. 배우거나 꾸며서가 아니라 태생이 그런 것 같다. 서정진은 손수 요리를 해서 부인과 경호 직원들의 끼니를 챙겨줄 때가 많다. 단골 이발소와 목욕탕도 동네의 평범한 곳들이다. 여름에는 반바지 차림으로 슬리퍼를 신은 채 동네 목욕탕에 가고 중저가 티셔츠를 즐겨 입는 서정진의 모습에서 영화나 드라마에 나오는 근엄한 재벌 총수의 모습을 찾기는 힘들다. 사업 초기에는 망하지 않기 위해 무슨 짓이든 했다고 고백한다. 그러면서 범생이로 살았으면 결코 성공하지 못했을 것이라고 말한다. 그래서 성공한 사람은 과거를 반성해야 하고, 성공한 것을 자신만이 아니라 사회를 위해 써야 한다고 강조한다. 서정진은 자신은 그렇게 좋은 사람이 아니니까 절대 미화하지 말라고도 한다. 일종의 셀프 디스다.

부인과 직원을 위해 요리하는 총수

손수 요리를 해서 손님을 대접할 때가 자주 있나?* (서정진 회장의 자택을 방문했는데 베란다에서 직접 고기와 소시지 등을 구워서 대접했다.)

원래 요리하는 것을 좋아한다. 그리고 잘한다(웃음).

서민적이고 소탈한 성격 같다.

와이프와 둘이 산다. 애들도 자주 안 온다. 와이프가 밥하기를 싫어해서, 내가 아침에 밥을 해서 와이프와 경호 직원 3명을 같이 챙겨준다. 초창기에는 와이프가 나를 먹여 살렸으니 지금은 쉬라고 했다. 경호 직원들과 밥 세끼를 같이 먹는다. 대신 설거지는 직원이 하고. 아침마다 직원들에게 오늘은 무엇을 먹고 싶냐고 물어. 그럼 이거 해달라, 저거 해달라 말들을 한다. 내가 요리하면 직원이 보조를 해. 파 썰고, 마늘 주고. 메뉴는 매일 내가 바꿔준다. 내가 밥을 해주니까 밥값은 따로 안 준다(웃음). 오늘 아침에는 북엇국, 김치 제육, 산채를 만들었는데 (옆의 직원들을 향해) 맛있었지? 경호원들은 모두 용인대 경호학과 출신이다. 경호·운전·수행을 같이한다. 1타 3피다.

• 대화는 2020년 7월 말 강원도 용평의 자택에서 이뤄졌다.

집안일하는 사람은 따로 없나?

처음에는 음식하는 아주머니를 뒀는데 불편했다. 음식을 많이 하려고 해. (남은 음식) 버리는 것도 일이다(웃음). 반바지도 못 입고, 팬티 바람으로도 못 돌아다닌다. 옷을 제대로 입어야 하는 게 제일 불편하다. 차라리 내가 해먹는 게 낫다. 일주일에 세 번, 반나절씩 청소하는 아주머니가 오는데 청소할 것도 별로 없다. 아주머니들이 처음에는 황당해했다. 회장과 냉장고를 함께 정리하니까. 나는 소파 밑에 매트를 깔고 드라마를 보면서 잔다. 와이프는 침대에서 자고. 우리 나이에 아직도 소파로 안 나오는 남편은 이상한 거다.

국민들이 드라마 속에서 보는 재벌 총수의 모습과는 많이 다르다고 할 것 같다.

막상 재벌 총수가 돼보니까 드라마처럼 사는 게 무지 힘들다. 처음에는 그렇게 살아보려고 했는데 너무 힘들고 불편하더라. 내가 해먹고 싶은 대로 해먹으니 너무 편하다. 인생 살아보니 다 똑같다. 철학은 아니고 그저 편한 대로 사는 거다. 개폼 잡고 사는 게 더 힘들다. 65살 때까지 이렇게 살았는데 지금 와서 뭘 바꾸나 싶다. 다른 것은 하고 싶은 대로 다 하지만 손녀한테는 안 된다. 할아버지가 실세라고 하니까 그게 뭐냐고 묻더라. 와이프하고 하루 종일 같이 있는데 주로 손자손녀 얘기한다. 총수면 뭐하나. 손주들 아프면 그저 쩔쩔맬 뿐인데(웃음). 드라마 작가들에게 회장이 그렇게 나쁜 사람은 아니라고 말해줬으면 좋겠다. 우리나라 사람들은 영화를 많이 봐서 '회장은 나쁜 사람'이라는 인식이 심어져 있는데, 그 정도로 나쁘지는 않다. 시대가 바뀌는 만큼 생각도 바뀌었으면 한다. 기업가는 바뀌려고 노력해야 하고 국민도 기업가들에게 관대해졌으면 좋겠다.

재벌 총수로 사는 게 좋은 점은 뭔가?

누구나 다 만날 수 있는 게 좋다. 다른 총수도 만나고, 홈리스(집이 없는 가난한 사람)도 만나고. 〈포브스〉가 한국에서 걸어 다니는 사람 중에서는 제일 부자*라고 하니까 만나는 사람마다 모두 인정해준다. 내가 직접 현금을 만진 적도 없는데 크레디트를 주더라고. 와이프가 (부자) 순위 떨어지지 말라고 한다. 내가 고등학생이냐고 대꾸했다(웃음).

동네 이발소와 목욕탕이 단골

단골 이발소와 목욕탕이 있다는데.

60년 된 옛날 이발소가 단골이다. 이발사가 80살은 된 분이다. 자신이 우리나라 이발사의 역사라고 한다. 내가 뭐라고 말하든 (이발사가) 자기 마음대로 깎는다. 목욕탕은 인천 남동공단에 있는 돌고래사우나에 다닌다. 입장료가 8000원이다. 안에서 (사람들을) 만나면 아주 반가워한다.

불편하지는 않나?

아니다. 나나 남들이나 다 똑같이 생긴 몸인데(웃음). 다를 게 없다. 서로

• 한국의 최대 부자는 이건희 삼성 회장이었다. 2014년 5월 급성 심근경색으로 쓰러져 치료를 받다가 2020년 10월 25일 사망했다.

벌거벗고 인사하고 등도 밀어주고 얼마나 좋은지 모른다. 여름에 반바지 차림으로 슬리퍼를 신고 목욕탕에 가면 구두 닦는 아저씨가 반가워한다. 신발을 닦을 수가 없으니까 손으로 먼지를 털어준다. 그래서 고맙다고 가끔 10만 원씩 드린다. 와이프와 반얀트리 호텔에서 식사를 하는데 멤버십 하나 사달라고 하더라. 반얀트리를 살 수는 있어도 멤버십은 안 된다고 했다. 반얀트리를 사는 것은 비즈니스지만 멤버십을 사는 건 다른 얘기 아닌가. 나도 동네 목욕탕을 다니는데.

입고 있는 옷이 항상 똑같은 것 같다(웃음).

와이셔츠, 넥타이 없이 '언더아머'˙를 주로 입는다. 면이 아니라 나일론이어서 잘 늘어나고 아주 편하다. 같은 색깔이라고 한 벌만 입는다고 생각하지 마라(웃음). 스무 벌에서 서른 벌 정도 있다. 사람들이 자꾸 이걸로 선물해준다. 옷 갈아입기 싫어서 겨울에는 단 두 벌로 난다. 콘셉트를 그렇게 잡으면 사람들이 그러려니 한다. 모 회장이 손수건 꽂고 넥타이 매고 다니면서 나에게 격을 높이라고 하더라. 내가 해봤는데 접기도 힘들고 나에게 안 맞아. 체구 작은 사람에게만 어울린다. 폼페이오 미국무장관도 가슴에 손수건을 꽂고 다니는데 내가 보기에는 언더아머가 딱이야. 세일할 때는 한 벌에 30달러에서 40달러에 판다. 국내에는 나에게 맞는 사이즈가 없어 출장 갈 때 산다. 큰며느리가 해외 직구를 해준 적도 있다. 그런데 3만 원짜리 언더아머 사면서 며느리에게 30만 원을 줘야 했다. 다시는 직구하지 말라고 했다(웃음).

˙ Under Armour, 미국의 중저가 스포츠웨어 브랜드.

238

'접돌이' 생활 30년

담배를 많이 피우는데, 하루에 어느 정도인가?

그래도 많이 줄였다. 많을 때는 하루 서너 갑씩 피웠다. 지금은 두 갑 정도다. 담배를 제일 많이 피울 때가 임상 데이터 나올 때다. 이 사업은 중간이 없다. 올 오어 낫싱이다. 직원들까지 초긴장이다. 결과 나오기 서너 시간 전부터 5분 단위로 보고한다. 차질이 생기는 순간 1000억 원이 그대로 날아간다. 워낙 약 개발비가 비싸다.

건강을 위해 끊을 생각은 안 해봤나?

다른 것은 결단 있게 하는데 담배만은 그러지 못했다. 몇 차례 끊으려고 시도했는데 그럴수록 더 늘더라고. 그래서 마지막으로 가열차게 피고 나서 끊자고 했지만 역시 실패했다. 와이프도 왜 못 끊냐고 그러는데 잘 모르겠다. 손녀가 할아버지 담배 피우지 말라고 한다. 할머니가 시킨 거지. 와이프는 반대하다가 결국은 힘닿을 때까지 피우라고 하더라.

술은 좋아하는 편인가?

썩 좋아하지 않는다. 내가 '접돌이(사업상 어쩔 수 없이 다른 사람을 많이 접대해야 하는 위치에 있는 사람)' 생활 30년인데 먹고 싶겠나? 곧 파운더들과 저녁 술자리를 갖는다. 이제 조용한 데 가서 먹자고 했다. 원래 맛집이 겉은 허름하잖아. 기업가들은 돈을 버는 사람들이다. 그레이 존(gray zone, 회색지대)이 없는 사람이 어디 있겠는가. 누구는 걸리고 누구는 안 걸리고의 차이가 있을 뿐. 걸렸다고 나쁜 사람이라고 하면 안 된다. 재수가 없다고 해야지. 문제는 나쁜 점은 줄이고 좋은 점은 키워서 돈을 번다는 것이다.

너무 솔직한 거 아닌가? (웃음)

와이프 생일 때 장모님이 자네는 아내를 잘 만나 성공한 거라고 하셨다. 그 얘기를 여섯 번이나 하시더라. 그래서 "장모님 말씀 다 맞는데, 재벌 회장 중에 본처하고 사는 사람 별로 없습니다"라고 말했다. 처형들도 맞는 말이라고 했다. 장모님이 가만히 계시더니 계속 잘 살라고 하셨다. 그래서 "지금은 위자료가 비싸서 헤어지면 안 된다"고 말씀드렸다(웃음). 하림 김홍국 회장 부부는 세끼를 함께 먹는다. 그래서 우리 부부가 그 집 얘기를 하면 꼭 싸운다. 나보고 본받으라고 해서. 우리 부부는 아침에 같이 일어나서 같이 출근한다. 저녁만 따로 먹는다. 부부가 세끼를 같이 먹는 것은 호떡 장수나 하는 일 아니냐. 와이프가 지주회사 부회장을 맡고 있다. 초등학교 선생님 시절처럼 일을 한다. 내가 출장을 가면 와이프가 회사 인감도장을 관리한다. 나는 5분 만에 결재하는데 와이프에게 날인 받는 데는 몇 시간이 걸릴 정도로 꼼꼼하다.

성공한 사람은 과거를 반성해야 한다

일반 국민의 생활 방식과 큰 차이가 없는 것 같다(웃음).

어렸을 때 고학을 하고, 샐러리맨도 해보고, 사업 초창기에는 유령회사도 운영했다. 중소기업, 중견기업 거쳐서 어쩌다 보니까 대기업 총수가 됐다. 요즘은 〈포브스〉 덕분에 한국의 첫 번째, 두 번째 부자로 알려졌다. 성공하고 나니까 사실 제일 힘든 게 과거와의 관계다. 성공은 했는데 과거가 그리 클린하지 않은 거지. 회사가 어느 정도 크고 유명 인사가 되고 나니까, 한 그룹 회장이 "과거와 인연을 끊으라"고 하더라고. 한 6개월 지나니까 심심해서 못 살겠어. 다른 회장들하고 만나봐야 몇 번이나 보겠어. 그래서 "나 안 할래"라고 했다(웃음). 초등 동창도 만나고 중학 동창도 만나고 해야지, 나이 60살 넘은 사람이 누굴 만나나. 폼 나는 귀족이 되기보다 나 살던 대로 살겠다고 했다. 포장을 해보려고도 했지만 제일 좋은 것은 하던 대로 사는 것이다. 초중고와 대학 동창들을 다 만나는데, 내 과거 비리를 얘기하는 사람이 적어졌다. 걔들이 내 비리를 제일 잘 알아. 그런 애들과 자주 어울리다 보니 아군이 된 것이다. 인생은 완벽할 수 없다. 내가 성공한 사람, 유명한 사람이 될 거라고 생각해본 적 없다. 남들 수준으로 나쁜 짓 다 하고 살았는데 유명해지다 보니 과거가 마구 튀어나오더라. 와이프에게 "내가 이렇게 살았는데 어쩌겠냐. 앞으로 잘 살 테니 없던 것으로 해달라"고 고백했다. 와이프가 시끄럽게만 하지 말라더라. 다른 그룹 회장들에게도 "너희는 처음부터 로열패밀리고 이너서클이어서 비밀이 유지되는지 모르겠는데 나는 안 된다"고 말했다. 모든 계층 사람들에게 평상시처럼 행동하는 게 편하다.

무슨 비리가 가장 걱정인가?

사업 초기에는 부도만 안 나면 무슨 짓이든 하겠다고 했다. 내가 자살해서 회사가 안전해진다면 망설이지 않고 자살해야 한다고 말했다. 사업에 실패하면 피해자가 얼마나 많은데. 그건 살아도 사는 게 아니다. 내가 목숨을 끊어서라도 피해를 안 입혀야지. 그다음에는 100억만 생기면 쥐약도 먹을 것이라고 말했다. 지금은 그 돈이 아무것도 아니지만 당시에는 천문학적인 액수였다. 매일 저녁마다 술집에 갔던 이유다. 돈을 꿔야 하는데, 돈 있는 사람들은 다 술집에 있었다. 돈이 되면 무슨 짓을 못하겠나. 돈 있다는 놈은 다 따라다녔다. 술집에 가서 그 사람들이 폭탄주 먹으라고 하면 먹어야지. 술 취한 사람 비위를 맞추려면 나도 맨정신으로 가면 안 된다. 술집에 가기 전에 차 안에서 미리 소주 한 병을 강술로 마시기도 했다. 간 쓸개 다 내줘서 비위를 맞춰야 돈 몇천만 원, 몇억 원을 빌릴 수 있다. 사실상 앵벌이 하는 것이다. 일주일에 두 번씩만 갔다고 쳐도 1년이면 100번이다. 그 짓을 30년 했으면 3000번이다. 바쁠 때는 매일 갔다. 하루에 두 탕, 세 탕 뛰기도 했다. 그 정도면 해탈의 경지에 이른 것 아니냐. 파운더들은 다 나와 경력이 비슷하다. 직장생활을 하다가 창업했다. 내가 한 걸 그 사람들이라고 안 했겠나. 매일 술 취해서 사는 것이 얼마나 힘든 일인지 아나? 그러다 보니 과거에 무엇을 잘못했냐고 하면 기억도 안 난다. 기득권을 가진 사람은 그것을 어떻게 만들었는지 뒤집어보면 다 안다. 약자를 직접적이든 간접적이든 잔인하게 밟았다. 약자 것을 빼앗지 않았으면 어떻게 성공할 수 있었겠나? 그런데도 반성은 안 하고 그냥 즐기며 살아선 안 된다. 옛날을 생각하면서, 미안한 마음을 잊지 않으려고 한다. 쪽팔려서 고백은 못해도 나하고 신은 알잖아. 교회에서 특강을 요청하면 무척 힘들다. 교회 가서 거짓말 하면 신이 가만히 있겠나? 특강할 때는 나 그렇게 좋은 사람 아니라고 말한다. 다만 자신 있는 것은 공소시효 안에서는 나뿐 짓 안 했다는 것이다. 살아보니까 결국은 이제부터 회개하고 속죄하는 마음으로 사는 것이 나의 미션인 것 같다. 아직까지 누구도 내 죄를 모른다. 그렇다고 고백할 생각은 없다. 탄로 나지 않기를 바랄 뿐이다 (웃음). 우리나라를 살기 좋고 희망찬 나라로 만드는 제일 좋은 방법은 성공한 사람들이 자신의 과거를 반성하는 것이다. 성공한 결실을 자신을 위해서가 아니라 다수의 이익을 위해 써야 한다.

공감하는 사람이 많을 것 같다. 그런 내용을 담아 자서전을 쓰면 좋겠다.
나는 좋은 사람 아니라니까(웃음). 농담이 아니라 유명해질 줄 알았으면 범생이로 살았을 건데. 하지만 그랬으면 성공하지는 못했을 것이다. 유명해지니까 기억도 안 나는 사람들로부터 막 전화가 온다. 누군가 보면 대학교 때 미팅한 여자란다. 웃기는 것은 그 여자 남편에게서도 전화가 온다는 거다. 비서들은 (사고를 쳤는가 싶어) 사색이 되지. 범생이로 살지 않은 사람은 유명세로 치르는 대가가 크다. 어떤 것은 돈으로 막은 것도 있다. 돈 떨어지면 또 전화 온다. 그래서 마누라한테 양심고백하고 마음대로 하라고 했다. 유명인으로 사는 거 힘들더라. 사업가가 유명인으로 사는 건 더 힘들다. 나를 너무 나쁜 놈으로 만들면 안 되지만 너무 좋은 놈으로도 만들지 말라. 나 좋은 놈 아니다. 잘못 전해지면 "너 그런 놈 아니잖아. 나쁜 짓 많이 한 거 안다"고 연락 온다.

추진력 강한 의리파

※ 창업 멤버인 기우성 셀트리온 부회장에게 서정진 회장에 대해 물었다.

서정진 회장은 어떤 경영자인가?

우리 회장은 한마디로 정의하기 어렵다. 오랫동안 모셨는데, 정이 많다. 마음속에 부처님이 들어가 있는 것 같다고 느껴질 때가 있다. 강하게 몰아닥칠 때는 진짜 멧돼지 같다. 추진력과 정 두 가지를 잘 믹스해서 쓴다. 외통수를 잘 둔다. 문제가 터지면 자신을 사지로 몰아넣은 뒤 해결하는 스타일이다. 그리고 의리가 있다. 손해가 나도 피하지 않는다. 일을 해서 결과가 나오면 믿고 전폭적으로 맡기는 스타일이다. 업무와 관련해서는 본인이 큰 포석을 직접 둔다. 맥을 잘 잡는다. 얘기를 해보면 난제를 쉽게 또 논리적으로 잘 설명한다. 놀랄 때가 많다.

역사에 대해 많이 아는 것 같다.

역사뿐만 아니라 미술, 음악, 종교 등 다방면으로 아는 게 많다. 중국에 놀러간 적이 있는데 현지 역사를 해박하게 설명해서 같이 간 사람들이 모두 놀랐다.

PART
19

새로운 도전

서정진은 2020년 12월 31일 정년 퇴임을 한 뒤 새로운 도전에 나섰다. 바이오산업과 제4차 산업혁명을 결합한 유헬스케어 스타트업에 뛰어든다. 20년 전 처음 창업할 때로 다시 돌아가는 것이다. 미국 맨해튼의 큰손들은 이미 수조 원을 준비해놓고 그를 기다리고 있을 정도로 큰 기대감을 보인다. 서정진은 무인자동차 시대와 엔터테인먼트사업을 접목시켜 15억 중국 시장을 공략하는 거창한 그림도 그리고 있다. 제2의 전경련을 만들어 후배 기업들을 양성하는 창업 아카데미를 운영하는 꿈도 꾼다. 주위에서 정치를 권하는 사람들도 있지만, 정치를 할 생각이 없다. 서정진은 자신이 제일 잘하는 것을 열심히 해서 회사, 직원, 주주, 사회에 도움이 되는 일을 하는 게 꿈이다.

유헬스케어 스타트업 도전

2020년 말 정년 퇴임을 선언했다. 지금[•]도 생각에 변함이 없는가?

약속대로 65살이 되는 2020년 12월 31일 명예회장으로 물러날 것이다. 이미 2015년에 직원들에게 약속한 것이다. 되돌릴 수 없게 말했다. 2019년 초 시무식에서도 내가 함께 일할 시간이 2년 남았다고 했다. 호적에는 57년생으로 되어 있지만 원래는 56년생이다. 태어난 날 기준으로 해야지. 명예회장은 급여와 사무실이 없다.

퇴진 이후 계획은?

기존 사업은 전문경영인에게 맡긴다. 전문경영인의 권한에 걸리적대는 일은 안 한다. 대주주는 어느 전문경영인이 적합한지 결정만 하면 된다. 내가 진짜 그만뒀는지 궁금해하는 것을 없애는 방법은 (경영에서) 완전히 손을 떼는 것이다. 내가 얼씬거리면 그만뒀는지 아닌지 말이 나온다. 나는 새로운 사업에 도전할 것이다. 20년 전 처음 창업할 때로 다시 돌아가는 것이다. 기존 기업을 수성하는 것은 후배들에게 맡기고, 내가 정말 잘하는 기업을 새롭게 축성(창업)하는 일을 하려고 한다. 회

• 대화 시점은 2020년 11월이다.

사에 남아 잔소리하는 꼰대가 되느니 그편이 좋지 않겠나.

새로운 사업으로 유헬스케어 스타트업을 한다고 밝혔는데?

전 세계 70억 인구가 이용할 수 있는 원격진료 병원을 만드는 게 꿈이
다. 셀트리온이 안 하는 전혀 새로운 사업을 시작할 것이다. 미래 유헬
스케어 시장은 1경 규모로 클 것이다. 기존 제약 시장보다 더 클 수 있
다. 글로벌 제약 회사라면 유헬스를 할 프레임을 갖추고 있지만, 오너
출신은 나밖에 없을 것이다. 가장 가능성이 높다. 셀트리온홀딩스는 내
가 대부분의 주식을 보유하고 있다. 리스크 테이킹은 내 권한으로 할
수 있다. 4차 산업혁명은 오래 걸린다. 할 일이 엄청나게 많다. 각 나라
정상들과 만나고 법제도도 바꿔야 한다. 대주주의 역할은 미래를 준비
하는 것이다. 리스크 테이킹을 해서 신규사업을 일으켜 새로운 사업체
를 만들고, 그것을 다시 전문경영인에게 넘기는 것이다. 사업이 연속성
을 가지려면 미래 투자를 계속해야 하는데, 이건 오너의 역할이다. 전
문경영인이 미래 투자를 하기는 어렵다.

그렇다면 정년 퇴임은 완전한 은퇴가 아니라 새로운 도전인 셈이다.

65살, 딱 좋은 나이다. 내 나이에 스타트업을 하면 성공시킬 수 있는 정
열과 신용을 함께 갖고 있다. 70대가 되면 투자자들이 안 붙는다. 다 늙
은 사람이 뭐하려느냐는 인식 때문에.

셀트리온 3사의 합계 시가총액이 80조 원(2020년 12월 11일 기준)을 넘는다. 창
업 20년 만에 엄청난 성공을 이뤘다. 그것에 안주하지 않고 새로운 것에 도전

하는 열정과 열망의 원천은 무엇인가?

그게 파운더의 기본 생리다. 똑같은 시간을 쓰면서 더 효과적인 것을 해야 한다. 셀트리온 수성은 후배들이 해도 된다. 굳이 내가 할 필요가 없다. 옥상옥이다. 이제 기업의 규모를 키우는 것은 의미 없다. 이미 만들어놓은 것을 계속 가지고 가려 하면 오히려 망가뜨릴 수 있다. 처음 출발하는 자세로 나가야 한다. 나를 인정하는 사람과 함께.

자가 피검사 시스템이 핵심

원격진료 병원의 세부 청사진은 그려졌나?

원격진료 병원을 하려면 첫째로 집에서 검사가 가능해야 한다. 집집마다 종합검사키트가 갖춰져야 한다. 지금도 가정에서 체온, 맥박, 소변 등의 검사는 가능한데 피검사는 안 된다. 그게 가능하려면 '자가 피검사 시스템'을 도입해야 한다. 아주 적은 양의 피로도 원하는 검사 결과를 얻을 수 있어야 한다. 둘째는 의사가 원격진료를 하려면 의료기관마다 보유한 자료를 빅데이터로 연결시켜주는 소프트웨어 회사가 필요하다. 세 번째는 원격진료 결과에 따라 약을 전자거래로 보낼 수 있는 이커머스(electronic commerce, 전자상거래) 회사가 있어야 한다. 이 세 가지는 기본적으로 가져가야 할 세트다. 추가로 주사기를 내재화, 즉 국내 생산하려고 한다.

새 사업은 국내에서 하나, 해외에서 하나?

코로나 유행만 아니었다면 퇴임과 동시에 와이프와 해외로 나가려고 했다. 전부 해외에서 막대한 투자를 하는 것이기 때문이다. 그 일에 전 념하려면 우선 그 기술이 가장 발달한 나라로 가야 한다. 코로나 바이 러스라는 변수가 있기는 하지만, 2021년부터는 국내에 체류하는 시간 이 더 적을 것이다.

유헬스케어 관련 기술이 발달한 나라는 어디인가?

의료 장비와 기술은 미국이 가장 발달했다. 소프트웨어 네트워크는 프 랑스다. 이커머스는 역시 미국이다. 아마존과 협력해야 한다. 주사기는 대만, 독일, 스위스다. 우리는 주삿바늘을 못 만든다. 생각보다 어렵다. 레이저를 이용해 바늘에 구멍을 뚫는 정밀 산업이기 때문이다. 주삿바 늘이 가늘수록 통증이 적다. 똑같은 규격으로 품질을 보장하는 게 기술 이다. 기술은 독일이 제일 강한데 규모가 제일 큰 것은 대만이다.

원격진료가 핵심일 텐데, 국내 의료계가 반대하고 있다.

'자가 피검사 시스템'이 가능하려면 빅데이터, 약사법 개정이 이뤄져야 하기 때문에 사회적 대타협과 인프라 구축이 함께 필요하다. 한국은 인 프라가 아직 구축되지 않았다. 가능한 나라에서 먼저 하다가 한국으로 들어오면 된다. 사업이 본격화되려면 5년에서 10년은 걸릴 것이다. 4차 산업혁명은 기술 융합이다. 바이오는 물론 인공지능, 나노, 가상현실, 이커머스 등 여러 분야를 하나로 묶는 복합 기술이 요구된다. 악기를 다 루는 여러 연주자를 지휘자가 일사불란하게 조율하듯이 해야 한다.

정부와 협의한 적은 있나?

우리나라 경제부처 공무원은 기업인을 만나는 것을 꺼린다. 정치인은 기업인의 말을 이해는 하지만 실현시킬 툴이 없다.

맨해튼의 4조 원 투자 제의

유헬스케어 사업에 투자금은 얼마나 필요한가?

총 10조가 필요하다. 셀트리온의 돈은 한 푼도 안 쓰고 직원 역시 한 명도 안 데려간다. 내가 번 돈으로 하는 게 아니라 내 크레디트만 갖고 미국 맨해튼 같은 곳에서 외부 투자를 받을 것이다. 재미있는 일이 있다. 내가 정년 퇴임을 하고 스타트업을 한다고 하니까 제일 먼저 미국 뉴욕 맨해튼에서 러브콜이 온다.

어떤 내용의 러브콜인가?

내 크레디트로 4조 원을 개런티(보장) 한다면서, 하려는 일이 뭐냐는 것이다. 10조 원은 필요하다고 하니까, 돈은 알아서 준비할 테니 사업 방향만 알려달라고 한다.

사업 내용은 아직 구상 중인데, 돈부터 대겠다는 것인가?

요즘에는 그런 방식으로 일을 한다. 크레디트를 가진 창업자가 사업을 하면 SPC(특수목적법인)를 만들어 돈을 먼저 모은다. 옛날에는 비즈니스 모델이 먼저였는데 요즘은 무언가 만들어본 사람의 크레디트 밸류(가치)가 더 중요하다. 내가 사업을 하면 자기들이 돈을 벌 수 있다고 생각하는 거지. 테슬라도 그렇게 만들어진 기업이다.

서 회장의 크레디트는 얼마나 된다고 하나?

나도 물어봤다. 디너 한 번 먹는 데 1조 원, 런치는 소수그룹이 1000억에서 2000억 정도라고 한다. 4조 원을 모으는 데 3박 4일이면 된다는 얘기다.

SPC 투자방식을 좀 더 구체적으로 설명해줄 수 있나?

(그림을 보여주며) 요즘 전 세계 패턴이다. 펀드들로부터 크레디트를 인정받은 사람이 기업인수를 목적으로 하는 SPC를 만든다. 내가 스타트업을 한다고 하면 내 이름으로 SPC를 만드는 것이다. 펀드와 금융기관이 SPC에 투자를 한다. 그다음 내가 사업 목적을 밝히고, 모인 돈을 가지고 성장 가능성이 있는 기업에 투자를 한다. 지금 떠오르는 회사들이 다 이런 방식으로 성공했다. 이전에는 사업 아이디어에 돈을 모아줬지만 이제는 이미 사업해서 성공해본 경험이 있는 사람에게 돈을 모아준다. 창업자의 신용을 보고 들어온 돈으로 사업을 펼치는 것이다. 나중에 SPC를 상장해서 투자자가 엑시트를 할 수 있도록 한다. 이게 패턴이다.

손정의의 비전펀드와 유사한 방식인 것 같다. 비전펀드의 자산은 1000억 달러(약 110조 원)에 달한다.

그렇다. 아직 국내에는 이런 사례가 없다. 국제적으로 인정받을 수 있는 사람은 나 외에 네이버 이해진, 카카오의 김범수, 넷마블의 방준혁, NXC의 김정주 정도다. 재벌 3세는 크레디트를 인정하지 않는다. 파운더만 인정한다. 창업자가 묵시적으로 SPC의 30% 정도 지분을 가질 수 있다. SPC에 국내 자본을 위한 룸도 만들려고 한다. 동일한 조건으로 들어올 수 있게 하면 된다.

국내에서 같이 사업을 할 파트너는 있나?

네이버 이해진 글로벌투자책임자와 협의 중이다. 네이버도 AI(인공지능)를 하니까. 우리가 4차 산업으로 넘어가려면 금융시장도 같이 가야 한다. 무조건 산업은행 대출로 사업을 하려고 하면 안 된다. 내가 은퇴해서 새로운 스타트업의 모습을 만들 것이다.

다른 파운더들의 의사는 어떤가?

모두 할 수 있다. 내가 왜 너희들 크레디트를 썩히느냐고 했다. 그것으로 비즈니스를 하고, 기존 사업은 후배들에게 과감히 물려주라고 했다. 그런데 다들 지금은 아니라고 한다. 이제는 편하게 살고 싶단다. 내가 좋아하는 일을 하는 게 진짜 편한 것 아닌가? 지금 움직이는 게 이익일 것 같은데. 내가 먼저 가면 다른 파운더들이 따라올 것이다. 새로운 패턴을 만들겠다. 원에쿼티파트너스가 나에게 6000억 원을 투자하고 9년 만에 8조를 벌어갔다. 펀드가 만들어진 이래 최대 수익이라고 한다. 그래도 고맙다는 말을 안 한다. 그냥 너하고 같이해서 즐거웠다고만 한다. 엑시트를 할 때도 주식을 팔 시점이 다 돼서야 알려준다. 이거 너무한 거 아니냐? (웃음) 그들은 과감히 투자하고 이익은 철저히 챙

긴다. 한국에 투자하는 비중이 매우 낮다. 안타깝다. 그래도 몇몇 분야
는 한국을 인정한다. 제대로 활용하면 우리가 크게 발전할 수 있다. 외
국 펀드들은 내게 셀트리온 주식을 팔라는 얘기도 한다.

셀트리온의 경영권을 인수하겠다는 뜻인가?

그게 아니다. 나에게 셀트리온을 판 돈으로 국내 굴지의 대기업을 사라
는 것이다. 자기네가 뒤에서 그 회사의 주식을 미리 사놓은 뒤에 나에
게 넘기겠다는 것이다. 얘네들은 머니게임만 생각한다. 못할 게 없다.
내가 그렇게 하면 한국에서는 맞아 죽는다고 하니까 왜 맞아 죽냐고 묻
는다. 그래서 됐다고 했다.

4차 산업혁명과 결합한 엔터테인먼트 사업

정년 퇴임 이후 유헬스케어와 함께 엔터테인먼트 사업도 할 계획이라던데?

엔터 사업도 4차 산업혁명 관련 산업이다. 이 시장도 엄청나게 크다. 이
제 한국용 엔터 사업은 의미가 없다. 무조건 중국 시장을 전제로 해야
한다. 한류는 있는데 한류 산업이 없다. CJ와 롯데는 영화상영관에 주
로 투자했다. 우리 로컬 영화 시장에 1000만 명이 들어오는 게 무슨 의
미가 있나? 해외로 나가야지. 미국 LA 주민의 23%가 할리우드 때문에
먹고산다. 할리우드는 미국용이 아니다. 우리는 2%가 부족하다. 정부
인사들을 만나면 일자리를 강조한다. 우리에게 정말 필요한 일자리가
200만 개라고 하면 그에 맞는 산업을 선택해서 기업에 투자하도록 해

야 한다. 그냥 외친다고 되는 게 아니라 만들어야 한다. 나 혼자 만들 수 있는 일자리만 15만 개는 된다. 다른 그룹들도 서로 책임지고 일자리를 만들어야 한다. 슬로건만 외쳐서 뭐하나? 기존 산업은 취사선택을 잘 해서 버릴 것은 버리고 키울 것은 키우면 된다. 새로운 일자리를 함께 만들어야 한다.

엔터테인먼트 사업으로 중국 시장을 공략하는 방법은 생각했나?

넷플릭스 회장을 만나서 시스템과 플랫폼을 빌려주면 내가 중국 시장에 들어가겠다고 했다. 넷플릭스는 어차피 중국에 못 들어간다. 내가 시스템을 새로 구축할 필요는 없지 않나? 차라리 라이선스 비용 주고 써먹으면 되지. 중국의 마윈(알리바바그룹의 창업자)도 만나서 제안을 하려고 한다. 이미 셀트리온엔터테인먼트의 배급망을 넷플릭스로 바꿨다. 우리가 만든 〈배가본드〉와 〈나의 나라〉를 넷플릭스에 팔았다. 넷플릭스가 모든 제작비를 댔다. 넷플릭스로서는 웬 떡이냐. 〈배가본드〉는 넷플릭스 최고 시청률을 기록했다. 〈배가본드〉 시즌 2도 만든다. 넷플릭스를 통하면 우리나라에서 방영하고 1시간 뒤에 프랑스에서는 프랑스어로, 독일에서는 독일어로 볼 수 있다. 세계 11개국에 공개됐다. 지난번에 파리에 갔더니 현지 사람들도 〈배가본드〉가 재미있다고 그러더라.

'중국용 넷플릭스'를 만들자는 것인데, 중국이 허용할까?

내가 누구냐? 명예 중국공산당원이잖아(웃음). 누가 하느냐가 중요하다. 중국 정부만 오케이하면 된다. 콘텐츠를 기획하는 단계부터 중국과 협의하기로 약속하고, 대신 기획 단계에서 승인해달라고 요청할 생각이다. 인구 5000만 명의 내수 시장으로는 한계가 있다. 15억 중국 시장을 함께 겨냥해야 한다.

〈자전차왕 엄복동〉이 흥행에 실패한 이후 엔터 사업에 대해 걱정하는 셀트리온 주주들이 많아졌다고 하는데.

미국 할리우드에 가서 폭스의 머독 회장을 만났다. 이 친구가 폭스를 70조 원에 사라고 해서 속으로 미쳤냐고 했지. 나중에 디즈니에 48조(보도에는 57조 원)에 팔았더라. 그때 할리우드의 위기가 시작됐다는 것을 느꼈다. 각이 보인다고 생각했다. 가상현실 시대가 5년이나 10년 이내에 올 것이다. 그러면 영화를 보러 극장 가는 사람이 없어진다. 엔터 사업이 폭발적으로 성장하는 것은 무인자동차 시대가 본격화되는 시점이다. 그 시대에는 차 안에서 할 일이 없다. 고상한 사람은 음악을 듣겠지만 나머지는 콘텐츠를 볼 수밖에 없다. 자동차 유리창이 모두 화면이된다. 무인자동차 시대에는 한국이 아니라 전 세계에 이런 일이 먼저온다. 중국이 100% 먼저 온다. 그때를 위해 아시아 콘텐츠와 한국 콘텐츠가 대량으로 있어야 한다. 지금은 셀트리온엔터테인먼트의 자본금이 500억인데 앞으로 1조까지 키울 생각이다.

유헬스케어와 병행할 여력이 되나?

내가 유리하면 유리했지 불리하지 않다. 우리나라 경제를 위해서도 중요하다. 4차 산업혁명 시대에 우리나라의 미래를 생각하면 국가적으로 사업을 다섯 꼭지 정도는 가져가야 한다. 삼성이 두 꼭지, SK가 한 꼭지, 내가 유헬스케어와 엔터 두 꼭지를 하면 된다. 유헬스케어는 내 전공 분야니까 그냥 하면 되고, 엔터는 우리 회사가 가장 많은 드라마를 만든다.

제2의 전경련과 창업 아카데미 만들기

제2의 전경련을 만들어서 후배 기업인 양성을 위한 창업 아카데미를 운영하는 구상은 어떤 것인가?

파운더 회장들을 모으고 있다. 서로 500억 원씩 모아서 5000억~1조 펀드를 만들려고 한다. CVC(기업형 벤처캐피털)에도 2~3조의 투자를 받으면 창업 아카데미를 만들 수 있다. 맨해튼에 가서 제안하면 5조, 많으면 10조 원까지도 모을 수 있다. 우리가 직접 강의해서 가르치고 IT·BT(Bio Technology, 생명공학)분야의 괜찮은 청년들에게 최소 50억~100억씩 투자하는 것이다. 좋은 아이템에는 우리도 투자할 수 있다. 한 명의 파운더당 10개씩 후배 기업 키우기 운동을 하자는 것이다. 10명의 창업자면 100개를 키울 수 있다. 제2의 우리가 나오는 것 아니냐. 이런 내용으로 미래에셋, 하림, 호반, 네이버 등의 동의를 받았다. 나까지 포함해서 6명이다. 회장 전체를 모으는 게 생각보다 힘들다. 누구랑 하면 싫다는 사람도 있다. 내가 제일 원만한가 봐. 나 싫다는 사람은 없으니. 내가 제일 재미있고 척을 안 졌다고 해. 잘난 척도 안 하고. 어쨌든 3000억 원은 만들어진 셈이다. 내가 회장을 하고 박현주 회장이 총무를 하기로 했다. 나이순이다.

창업 아카데미 구상을 하게 된 계기는?

젊은이들이 전부 개인주의가 돼간다. 그렇게 되면 우리나라로서는 또 하나의 용광로 불길이 꺼지는 것이다. 너무 비전이 안 보여서 그런 것 같다. 도전을 해보라고 하려고 한다. 경제는 분위기다. 심리전에서 지면 안 된다. 그런데 지금 지고 있다. 이를 끌어올리려면 뭔가 왁자지껄한 움직임이 있어야 한다. 이미 스몰 사이즈로는 커버가 안 된다. 국가가 SOC(사회간접자본) 사업한다고 해결될 문제가 아니다. 막 움직이는 게 보여야 한다. 경제가 한 번 하강하면 다시 올라오는 데 5년은 걸린다. 10년 뒤에는 한국의 미래가 불확실해진다. 경제가 흔들리면 안보·주권도 흔들린다. 지금은 중국이 한국 경제를 무시하지 못하지만, 그렇게 되면 너무 복잡한 일이 벌어진다. 회장들에게 우리나라 일이 아니라 너희들 일이라고 했다. "나는 내수를 안 하지만, 너희는 내수 시장 무너지면 함께 무너진다. 나보다 너희가 더 열심히 뛰어야 한다"고 말했다. 나는 경기 사이클과 상관없다. 내가 파는 약은 죽지 않으려면 먹어야 한다. 모 VIP를 모시고 설명을 해달라고 요청을 하기에 분위기가 중요하다고 했다. 자기 주머니에서 돈을 꺼내야 경제가 돌아간다. 계획대로 되는 게 아니다. 그런 분위기를 만들어야 한다. 교수들이 프레임은 짜되 경제를 좌지우지하면 안 된다. 경제는 분위기 반전을 위해 으샤으샤 운동을 해야 한다. 이렇게 말했더니 이해가 간다면서 교수들을 모아볼 테니 얘기해보라고 하더라. 내가 왜 해? 어느 부처에서는 국·과장들을 모을 테니 강연을 해달라고 요청했다. 속으로 점점 늪으로 빠져드는구나 생각했다(웃음). 와이프가 나에게 언어를 순화하라고 한다. 하지만 순화를 하면 말을 못해. 말을 하다 보면 순화가 안 돼. 그랬더니 강의를 하지 말라고 하더라. 국가는 파이가 있어야 돌아간다. 파이가 없으면 쪼갤 것도 없다. 나는 경제인이니까 파이 늘리는 데 도움이 되는 일을 할 것이다. 그런데 거기에는 정답이 없다. 되는 것도 있고 안 되는 것도 있다. 그냥 될 때까지 하는 것이다. 그룹들과 얘기를 많이 하는 이유가 결국은 돈 있는 사람들이 움직여야 파도가 커지기 때문이다. 정부가 시켜서는 절대 안 움직인다. 최근 돌아가는 사태를 보니 이대로 더 놔두면 큰일 나겠다는 생각이 든다. 그러면 서민만 피해를 볼 것이다. 우리는 피해볼 게 없다. 대신 쪽팔리는 거지. 뻔히 알면서도 아무것도 안 했으니.

정부로서도 반가운 얘기일 것 같다. 정부의 자금지원도 받을 수 있을 것 같은데.
정부에 얘기를 했더니 매칭 펀드를 붙이겠다고 하더라. 1조 원 정도는 가능할 것 같다. 새로운 분위기를 만드는 데 필요하다면 우리가 연출의 소품이 되는 것도 나쁘지 않다. 하지만 일반미에 정부미 섞으면 되겠나. 정부는 그런 곳에 돈 쓰는 게 아니다. 그러면 투자가 망한다. 정부는 관리하려고 한다. 공무원이 관리해서 기업이 성공하는 것은 불가능하다. 사업은 다 리스크가 있는데 정부 돈 들어가면 위험한 사업은 안 된다고 한다. 우리나라의 모태펀드는 국민연금인데 회임 기간이 짧다. 오래 못 기다린다. 또 절대 손해를 보면 안 된다. 손해 보면 다시 자금 재배정을 못 받는다. 스타트업 기업 키우는 데 크게 도움이 안 된다. 내가 해보니 한 회사 키우는 데 최소 50억~100억 원이 필요하다. 업종에 따라서는 5~10년을 기다려야 한다. 100개 중에서 20개 성공하면 대성공이다. 10개도 성공이다. 그러려면 모태펀드 같은 돈을 써서는 안 된다.

그래서 캐피털 콜 방식으로 하려는 것이다. 우리 자금이 들어오면 맨해튼 자금이 붙는다. 언론에서 떠들기 시작하면 분위기가 더 뜬다. 재벌 2·3세들에게도 해보라고 했다. 어렵지 않다. 실리콘밸리 방식이다.

기업인은 정치하면 안 된다

주변에서 정치하라는 권유를 받은 적은 없나?

서울시장 출마 권유를 받은 적이 있다.

정치할 생각은 없나?

직원들이 절대 정치는 하지 말라고 한다. 도덕적으로 상처받을 일은 없어야 한다는 것이다. 사업가는 도덕적으로 상처받을 일을 안 하면 성공할 수 없다. 다행히 공소시효 안에 걸리는 것은 없지만, 청문회를 통과할 자신이 없다(웃음). 절대 정치는 안 한다. 국회의원 세비가 너무 적더라. 대신 스타트업을 할 거다.

많은 정치인이 자신을 아름답게 포장하려고 한다. 서 회장처럼 차라리 솔직하게 말하면 국민들이 이해할 것 같다.

사업으로 성공한 기업인은 돈 되는 일은 다 한 사람들이다. 그랬으니 성공했지. 골라서 했으면 돈을 어떻게 버나. 기업했던 사람이 정치하면 안 되는 이유가 그것이다. 정치할 자격을 상실한 사람들이다. 공직에 나가면 안 된다. 살아보니까 성공을 했다는 사람은 성공의 흔적을 남기

게 되어 있다. 도덕적인 사람은 성공할 수 없다. 그레이 존을 왔다 갔다 해야 성공할 수 있다. 성공한 뒤 뉘우쳤느냐 아니냐가 중요하다. 내가 그동안 뭘 잘못하고 살았나. 남은 인생은 어떻게 살 것인가를 고민해야 한다. 누가 도덕적인 문제를 추궁하면 "내가 언제 문제가 없다고 했냐, 앞으로는 안 한다고 했지"라고 하는 게 정답이다.

2021년 초 임기가 끝나는 박용만 대한상공회의소 회장의 후임으로도 거론되는데?

생각 없다. 이미 정년 퇴임 뒤 유헬스케어 신사업 계획을 다 발표했는데 어떻게 대한상의 회장을 맡나? 그냥 주변에서 그러는 것 같다. 한두 명도 아니고 일일이 해명할 수도 없어서 그냥 놔두었다. 최태원 SK 회장이 적임자라고 생각한다. 개인적으로 강력히 추천하고 있다.

한국 재벌의 역사적 전환점

2019년과 2020년은 80년 한국 재벌 역사에서 일대 전환점으로 기록될 것이다. 재벌체제의 종언이 임박했음을 보여주는 상징적인 사건들이 잇달아 발생했다.

첫 번째는 2019년 3월 27일 재계 순위 10위권인 한진그룹의 주력인 대한항공 주총에서 벌어졌다. 한진의 총수인 조양호 회장이 이사 선임 안건을 제출했으나 주주들의 반대로 부결됐다. 재벌 총수가 자기 계열 사의 이사회 멤버로 들어가려다 주주들의 반대로 실패한 것은 사상 처음이다.

그동안 재벌 총수들은 기업의 '오너'라고 불리며 사실상 '주인' 행세를 했다. 그룹 안에서는 무소불위의 절대 권력을 행사하는 '황제경영'

을 해왔다. 하지만 총수의 실제 지분은 평균 4%에도 못 미친다. 창업자의 영향력과 다른 계열사의 지분에 힘입어 경영권을 행사했을 뿐이다. 재벌개혁과 경제민주화가 진전되면서 '그룹 총수=오너'라는 등식은 흔들리게 됐다. 조양호 회장의 대한항공 이사 선임 실패는 재벌체제의 가장 큰 특징으로 꼽히는 황제경영에 균열이 커지고 있음을 상징적으로 보여준다.

두 번째는 2019년 8월 29일 대법원 선고에서 벌어졌다. 재계 1위 삼성그룹의 총수인 이재용 삼성전자 부회장이 박근혜 전 대통령과 최측근인 최순실 씨 등 국정농단세력에 거액의 뇌물을 준 혐의가 모두 인정됐다. 이 부회장은 2017년 1심에서 실형 선고를 받은 뒤 2018년 2월 2심에서 집행유예로 풀려났다. 하지만 대법원은 2019년 8월 삼성의 뇌물액을 86억 원으로 인정하면서 서울고법에서 다시 재판을 받으라고 판결했고, 파기환송심은 2021년 1월 18일 이 부회장에게 징역 2년 6개월의 실형을 선고했다. 경제단체들과 보수언론은 '삼성 위기론'을 강조했지만 엄격한 법치주의 적용을 피하지는 못했다.

과거 재벌 총수들은 아무리 죄가 무거워도 집행유예 선고가 관행이었다. 하지만 경제민주화 바람이 거세진 이후 큰 변화가 일어났다. 재벌 총수들에게도 실형 선고가 잇달았다. 재계 1위 삼성그룹 총수에 대한 엄격한 법치주의 적용은 재벌체제의 또 다른 특징인 '재벌 특혜'에도 역시 균열이 커지고 있음을 상징적으로 보여준다.

세 번째는 2020년 5월 6일 이재용 삼성전자 부회장의 대국민 사과다. 이 부회장은 경영권 승계와 무노조 경영에 대해 사과하고 앞으로는 법을 지키겠다고 약속했다. 특히 "제 아이들에게는 회사 경영권을 물려

주지 않을 생각"이라며 4세 경영 세습 포기를 선언했다. 뇌물공여 사건
에서 실형 선고를 면하기 위한 목적이 담겼다고 해도, 재벌체제의 가장
큰 특징인 '경영 세습' 포기를 국민 앞에서 약속한 것은 의미가 크다.

재벌들은 지난 80년간 한국 경제의 발전을 주도해왔다. 하지만 외환
위기 때 재벌체제의 한계가 명확히 드러났다. 재벌의 무리한 외부 차입
에 의존한 문어발식 확장 경영은 외환위기라는 '외풍'을 맞자 무기력하
게 쓰러졌다. 30대 그룹 가운데 절반가량이 역사의 뒤안길로 사라졌다.
이후 재벌의 경영방식은 매출 등 외형 위주에서 이익 등의 내실 위주로
급전환했다.

그러나 재벌체제의 핵심인 소유 및 지배구조는 그대로 유지됐다. 적
은 지분만 갖고도 무소불위의 권한을 행사하는 황제경영, 경영 역량에
상관없이 대를 잇는 경영 세습은 난공불락의 요새처럼 보였다. 재벌 총
수 일가의 불법행위에 대한 솜방망이 처벌이라는 재벌 특혜도 좀처럼
사라지지 않았다.

재벌체제의 빛이 강렬한 만큼 그늘도 짙었다. 특히 경제민주화 시대
를 맞아 그 명암의 교차는 더욱 극명하다. 하지만 재벌체제도 시대의
변화 요구를 영원히 거스를 수는 없는 법이다. 재벌체제의 상징과도 같
은 황제경영, 재벌 특혜, 경영 세습에서 동시에 커다란 변화의 조짐이
나타난 것은 한계점에 도달한 재벌체제의 종언이 멀지 않았음을 보여
준다.

재벌체제의 종언이 재벌의 몰락을 의미하지는 않는다. 재벌이 외환
위기를 계기로 새로운 경영방식을 채택했듯이, 재벌체제의 종언은 재
벌이 새로운 소유 및 지배구조로 바뀌는 것을 의미한다. 재벌 스스로

도 새로이 변화를 모색하고 있다. 실제 성과를 보여주는 재벌도 있다. 하지만 그 변화의 속도는 많은 국민들의 눈에 미흡하다는 평가를 받아왔다.

이는 자연스럽게 새로운 유형의 기업과 기업인의 등장에 대한 기대로 이어진다. 서정진과 셀트리온의 등장은 그런 점에서 80년 재벌 역사에 있어 큰 의미를 갖는다. 서정진은 기존 재벌과는 전혀 다른 새로운 기업과 기업인 상을 보여준다. 출발부터 기존 재벌과는 다르다. 금수저 출신으로 경영권을 물려받은 재벌 2·3세와 달리 흙수저 출신으로 자수성가에 성공했다. 또 서정진은 "회장은 왕이 아니다"라며 탈 황제경영을 선언하고 65살 정년 퇴임과 소유 경영의 분리, 불법·편법 상속 단절을 국민에 약속하고 실천 중이다. 모두 80년 재벌 역사에서 초유의 일이다.

서정진의 이런 약속은 즉흥적인 것이 아니다. 2015년부터 이미 회사 구성원과 사회에 공표한 것이다. 한국 재벌체제의 혁신이 기존 재벌의 주도로 이뤄질지, 아니면 서정진 같은 새로운 창업자에 의해 이뤄질지 단정지어 말할 수는 없다. 또 서정진의 약속은 완성된 것이 아니라 현재진행형이다. 서정진이 한국 재벌의 새로운 대안으로 자리 잡을지 아니면 시행착오로 끝날지 국민들이 지켜보고 판단하는 데 이 책이 조금이라도 도움이 된다면 의미가 클 것이다.

끝으로 책이 나오기까지 큰 도움을 주신 박윤배 서울인베스트 대표와 위즈덤하우스 출판사에 깊이 감사드린다.

서정진 연표 (괄호 안은 실제 출생연도 기준 만 나이다.)

1956년	충북 청주 출생(호적은 57년생으로 돼 있음)
1977년(21)	제물포고 졸업(21회)
	건국대 산업공학과 입학 및 군 입대(청와대 경호실 근무)
1983년(27)	건국대 산업공학과 조기졸업
	결혼과 함께 서울 강동구 암사동 주공아파트에서 신혼살림 시작
	삼성전기 근무(인력개발원 파견)
1986년(30)	한국생산성본부로 옮김
	대우차 품질과 생산성 향상 방안 컨설팅
1990년(34)	대우차 임원으로 스카우트됨
	건국대 대학원 경영학(생산관리) 석사 졸업
1999년 12월(43)	대우차에 사표 제출
2000년(44)	넥솔, 넥솔바이오텍, 넥솔텔레콤, 넥솔넷 등 설립
2002년(46)	셀트리온 설립, KT&G가 200억 원 투자
2006년(50)	셀트리온복지재단 설립
2009년(53)	셀트리온제약 설립
2010년(54)	KT&G, 셀트리온 지분 전량 매각
2012년(56)	항체 바이오시밀러 1호 램시마 국내 판매 승인
2013년 4월(57)	공매도 세력을 비난하며 보유 주식 매각 선언
	유럽 EMA, 램시마 승인
2013년 10월(57)	금융위원회, 시세조정 혐의로 검찰에 고발
2014년 7월(58)	시세조정 혐의로 약식기소되어 3억 원 벌금형
	유방암 치료제 허쥬마 국내 판매 승인

2016년(60)	미국 FDA, 램시마 승인
	혈액암 치료제 트룩시마 국내 판매 승인
2017년(61)	유럽 EMA, 트룩시마 승인
2018년(62)	미국 FDA, 트룩시마 승인
	유럽 EMA와 미국 FDA, 허쥬마 승인
2019년(63)	유럽 EMA, 램시마의 SC제형(피하주사) 승인
2020년 1월(64)	중국 우한시와 합작 바이오의약품 생산공장 설립 협약 체결
2020년 12월(64)	코로나19 항체치료제 조건부 허가 신청
	셀트리온그룹 정년 퇴임
2021년(65)	유헬스케어 분야에서 스타트업 도전

인터뷰 중인 서정진(좌)과 곽정수(우). 2020년 11월 20일.